LE MEILLEUR PATISSIER

♥ Anne-Sophie ♥

M6 ÉDITIONS

ÉDITO

du jury

Cette troisième aventure du Meilleur Pâtissier a encore donné lieu à de jolies rencontres. J'ai découvert de belles personnalités parmi les amateurs éclairés qui ont pris part à ce concours bon enfant et plein de gourmandise.

La passion qui les anime a engendré des moments de partage et de générosité remarquables et j'ai pris un immense plaisir à les accompagner lors de ces 6 semaines de compétition.

Anne-Sophie nous a éblouis avec ses créations « girly » aux saveurs souvent inattendues et aux textures osées. Elle apporte une nouvelle vision avec une vraie « patte » alliant maîtrise des techniques de la pâtisserie française et originalité des cakes anglo-saxons.
Anne-Sophie nous a par ailleurs séduits avec sa bonne humeur communicative et son tempérament optimiste. Elle a su, au fil des semaines, s'améliorer grâce aux conseils prodigués et s'affirmer.

Nul doute que les créations proposées dans ce livre seront à la hauteur des pâtisseries qu'elle nous a proposées dans Le Meilleur Pâtissier avec un twist « so british » qui saura vous surprendre.

CYRIL LIGNAC

Comme chaque année, cette nouvelle saison a eu ses révélations et une candidate nous a fait plus particulièrement chavirer.

La douceur, le sourire et la persévérance de la charmante Anne-Sophie font d'elle, à mon sens, une gagnante très attachante qui marie avec talent le goût et le style. Toutes ses réalisations sont pensées pour être dégustées aussi bien avec les yeux qu'avec les papilles. En grande reine de la mise en scène, elle maîtrise parfaitement la technique de la pâtisserie française revisitée dans le monde merveilleux de la pâte à sucre anglaise.

Émission après émission, Anne-Sophie nous a fait découvrir son univers et elle saura, j'en suis sûre, vous emmener encore plus loin avec ses recettes très personnelles.

Mercotte

ÉDITO

Quand je me suis lancée dans le concours du Meilleur Pâtissier, je n'étais sans doute pas la plus technique des pâtissières mais tout le plaisir que j'ai eu au long des différentes épreuves m'a certainement aidée à aller jusqu'au bout de l'aventure. Pour moi, la pâtisserie doit être simple, gourmande et amusante. C'est ce que j'ai voulu transmettre dans ce livre en espérant que, vous aussi, vous aurez plaisir à faire ces beaux gâteaux pour ceux que vous aimez !

J'adore les recettes simples qui donnent beaucoup d'effet en peu de temps avec peu d'ingrédients. Bien sûr, j'aime bien me lancer des défis et tenter des gâteaux très élaborés. Mais je tire toujours plus de satisfaction à réaliser des pâtisseries qui ne me demandent pas trop d'effort ! Et ce sont ces recettes que j'ai plaisir à poster sur mon blog Fashion Cooking car je sais qu'elles seront accessibles à tous.

La gourmandise, c'est ce qui m'a poussée à me mettre aux fourneaux très jeune. Ma mère n'étant pas spécialement portée sur le sucré, j'ai essayé toute seule le jour où j'ai eu envie d'un bon gâteau au chocolat. J'ai alors découvert ce que veut dire « blanchir les œufs », « émonder les amandes », etc. De ratés en succès, de rhum au baba en quatre-quarts cramés, je me suis mise à faire des gâteaux de plus en plus gourmands pour toutes les occasions et à jongler avec les saveurs pour donner du bonheur à ceux qui les dégustent.

Enfin, m'amuser en pâtissant est pour moi très important. La pâtisserie anglo-saxonne, tellement décomplexée, m'y a aidée car on peut faire facile et beau, et donner un rendu fou à de simples cupcakes. Un cake au citron peut devenir un gâteau de princesse avec quelques dessins à la douille. Eh oui, un gâteau peut être aussi beau que bon ! J'ai ainsi commencé à m'amuser comme une folle à imaginer des gâteaux rigolos et personnalisés pour ceux que j'aime. Parce qu'au fond, c'est ça le plus important dans la pâtisserie, prendre du plaisir et surtout en donner…

AnneSD

FASHION COOKING
www.fashioncooking.fr

SOMMAIRE

Légende des pictos

NOMBRE DE PARTS — PRÉPARATION — CUISSON — REPOS — RÉFRIGÉRATION

Retrouvez les gabarits
des macarons (Y a le printemps qui chante) page 45
et de Big Ben (Five O'clock tea in London) page 29,
sur www.fashioncooking.fr et sur le Facebook de M6 Editions.

LE MEILLEUR
PATISSIER

LE MEILLEUR
PATISSIER

LE MEILLEUR
PATISSIER

T R O P

OH MY
Tart !

T
R
O
P'

ET DIEU
créa la Trop'

POUR 6 PERSONNES • 1 H 30 • 30 MIN • 14 H

POUR LA PÂTE À BRIOCHE (D'APRÈS UNE RECETTE DE MERCOTTE)

250 g de farine de type 45 • 125 g d'œufs entiers • 25 g de lait • 25 g de sucre • 5 g de sel • 10 g de levure fraîche de boulanger • 150 g de beurre

POUR LA DORURE

Un peu d'œuf entier battu dilué avec 1 c. à c. d'eau et 1 petite pincée de sel
75 g de sucre perlé ou casson

POUR LA CRÈME PÂTISSIÈRE LÉGÈRE

4 jaunes d'œufs • 30 g de Maïzena®
80 g de sucre • 40 cl de lait • 40 g de beurre • 1 gousse de vanille
3 c. à s. d'eau de fleur d'oranger • 30 cl de crème liquide entière (35 % de MG)

POUR LA CRÈME DE CALISSON

(Vous pouvez aussi utiliser de la crème de calisson du commerce.)
50 g de melon confit • 25 g de marmelade d'oranges • 100 g de poudre d'amandes
125 g de sucre glace • 2 c. à c. d'eau de fleur d'oranger • 2 ou 3 gouttes d'extrait d'amande amère

La brioche

Tous les ingrédients doivent être froids (même le beurre). Diluez la levure dans le lait tiède.
Versez la farine, le sucre et le sel dans la cuve d'un robot pâtissier, ajoutez les ¾ des œufs, puis le lait à la levure et pétrissez à la feuille à vitesse lente pour obtenir une pâte homogène.
Ajoutez le reste des œufs et pétrissez environ 10 minutes à vitesse moyenne ; la pâte doit se décoller des parois du récipient.
Incorporez le beurre petit à petit à vitesse lente. La pâte doit se décoller à nouveau des parois. Veillez à ce qu'elle reste suffisamment molle pour un résultat moelleux.
Filmez au contact et laissez pousser 2 heures à température ambiante. Dégazez la pâte en l'étirant entre vos mains et en l'aplatissant pour chasser l'air. Puis donnez-lui une forme plate, recouvrez-la de film alimentaire et réservez au réfrigérateur une nuit.
Le lendemain, aplatissez la pâte sur le plan de travail fariné, rabattez les extrémités vers le centre, retournez-la et formez un boudin. Détaillez-le en 6 parts égales. Aplatissez-les, repliez les extrémités au centre, retournez-les, roulez-les entre vos mains, puis boulez-les sur le plan de travail.
Sur une plaque recouverte de papier cuisson, déposez un cercle à pâtisserie de 7 cm de diamètre entouré lui aussi de papier cuisson. Formez une couronne avec les boules de pâte en les disposant autour du cercle. Dorez-la au pinceau avec le mélange œuf-eau-sel. Laissez pousser 2 heures à température ambiante.
Dorez une seconde fois la couronne, puis parsemez-la de sucre casson avant d'enfourner à 180 °C (th. 6) dans le bas du four, pour environ 20 à 25 minutes. Surveillez la cuisson. Laissez la couronne refroidir 30 minutes avant de la découper.

La crème pâtissière légère

Dans une casserole, portez à ébullition le lait avec 40 g de sucre et la gousse de vanille fendue.
Dans une seconde casserole (hors du feu), fouettez les jaunes d'œufs avec le reste de sucre, puis ajoutez la Maïzena® et battez à nouveau jusqu'à l'obtention d'une texture homogène.
Versez le lait chaud en filet et grattez la gousse de vanille pour récupérer les grains. Fouettez, puis faites épaissir à feu moyen sans cesser de mélanger avec une cuillère en bois.
Hors du feu, incorporez l'eau de fleur d'oranger et le beurre. Versez dans un plat recouvert de film alimentaire et rabattez le film sur la crème. Laissez tiédir, puis refroidir au réfrigérateur.
Montez la crème liquide entière en crème fouettée bien ferme et incorporez-la délicatement à la crème pâtissière. Transférez le tout dans une poche munie d'une douille lisse.

La crème de calisson

Mixez finement le melon et la marmelade. Ajoutez l'eau de fleur d'oranger, l'extrait d'amande, la poudre d'amandes et le sucre glace, et mélangez jusqu'à l'obtention d'une pâte homogène. Ajoutez un peu d'eau si nécessaire pour obtenir une texture plus crémeuse.

Le montage

Fendez délicatement la couronne en deux. Étalez une couche de crème de calisson, puis déposez la crème pâtissière légère avec la poche à douille. Refermez la tropézienne. Réservez au réfrigérateur.
Décorez si vous le souhaitez de sablés cuits sur des cure-dents et sur lesquels vous aurez tracé les lettres TROP' au glaçage royal (voir page 36).

KEY LIME

pie

POUR 6-8 PERSONNES · 20 MIN · 40 MIN · 3 H

POUR LE FOND DE TARTE BISCUITÉ
150 g de biscuits de type Graham Crackers®
30 g de sucre roux ou cassonade
70 g de beurre

POUR LE LIME CURD (CRÈME AU CITRON VERT)
4 œufs
200 g de sucre
Le zeste de 1 citron vert
18 cl de jus de citron vert (environ 4-5 citrons verts)
100 g de beurre
2 feuilles de gélatine

POUR LA CRÈME FOUETTÉE
25 cl de crème liquide entière (35 % de MG)
15 g de sucre glace
Le zeste de 1/2 citron vert

Le fond de tarte biscuité

Préchauffez le four à 180 °C (th. 6).
Faites fondre le beurre. Réduisez les biscuits en miettes. Mélangez-les avec le beurre fondu et le sucre roux. Versez ce mélange dans un moule à tarte et tassez-le avec le fond d'un verre en le faisant légèrement remonter sur les côtés pour former les bords. Enfournez pour exactement 9 minutes, puis laissez refroidir hors du four.

Le lime curd

Déposez la gélatine dans un bol d'eau froide pour la faire ramollir.
Préparez un bain-marie, portez de l'eau à ébullition dans une casserole et posez dessus un saladier en verre ou en inox suffisamment large pour ne pas entrer en contact avec l'eau.
Dans le saladier, mélangez le sucre, les œufs et le jus de citron vert. Fouettez constamment à feu moyen. Lorsque le mélange commence à épaissir (ça peut prendre un peu de temps), ajoutez petit à petit le beurre coupé en morceaux. Incorporez-les un à un en fouettant constamment.
Hors du feu, ajoutez le zeste râpé de citron vert et la gélatine essorée, et mélangez jusqu'à ce qu'elle soit totalement dissoute.
Versez le lime curd sur le fond de tarte biscuité et laissez prendre au moins 3 heures (idéalement une nuit) au réfrigérateur.

Le dressage

Au moment de servir, montez la crème bien froide et le sucre en chantilly. Déposez-la sur la tarte à l'aide d'une poche à douille ou d'une cuillère et saupoudrez le tout de zeste de citron vert finement râpé.

Les astuces d'Anne-Sophie

- ***Si vous ne trouvez pas de Graham Crackers®, utilisez des biscuits Thé de Lu® ou des Digestive Biscuits.***
- ***Une technique imparable pour réduire les biscuits en miettes : mettez-les dans un sac congélation refermable. Aplatissez pour chasser l'air, puis fermez. Écrasez les biscuits en passant plusieurs fois un rouleau à pâtisserie dessus.***

PINKY

pie

POUR 6 PERSONNES · 35 MIN · 20 MIN · 12 H

POUR LA PÂTE SUCRÉE

100 g de beurre à température ambiante • 250 g de farine T55 • 150 g de sucre • 1 œuf

POUR LA GANACHE AU CHOCOLAT BLANC

360 g de chocolat de couverture ivoire (chocolat blanc) • 180 g de crème liquide entière (35 % de MG)

POUR LA GARNITURE DE FRAMBOISES

500 g de framboises • 2 c. à s. de sucre à confiture avec pectine (type Confisuc®) • Quelques gouttes de jus de citron

Préparez la pâte à tarte et la ganache la veille.

La pâte sucrée

Déposez le beurre dans un saladier. Ajoutez le sucre et la farine, puis sablez l'ensemble en frottant les ingrédients entre vos doigts.

Versez l'œuf battu et mélangez à la main jusqu'à l'obtention d'une pâte homogène. Formez une boule, recouvrez-la de film alimentaire et laissez-la reposer 1 heure au réfrigérateur.

Foncez le moule à tarte de pâte. À l'aide d'un rouleau à pâtisserie, abaissez la pâte sucrée sur 3 mm d'épaisseur sur une planche légèrement farinée. Enroulez-la autour du rouleau, puis déroulez-la dans le moule à tarte de la forme de votre choix en la laissant largement dépasser. Pressez les bords avec les doigts le long des parois du moule et découpez l'excédent avec le rouleau ou la pointe d'un couteau. Piquez les bords et le fond de la tarte avec une fourchette puis laissez reposez 30 minutes au réfrigérateur.

Faites cuire la pâte à blanc. Préchauffez le four à 180 °C (th. 6). Déposez une feuille de papier cuisson sur le fond de tarte et lestez de grenaille (petits poids en métal conçus pour les cuissons à blanc) ou, à défaut, de haricots secs, de grains de riz ou de gros sel. Enfournez pour 15 minutes.

Quand les bords de la pâte commencent à se colorer, retirez le papier cuisson ainsi que les poids, puis remettez au four 5 minutes pour dorer légèrement le fond de la tarte. Laissez refroidir 10 minutes avant de garnir.

La ganache au chocolat blanc

Cassez le chocolat blanc en morceaux et faites-le fondre au bain-marie. Dans une autre casserole, portez la crème liquide à ébullition. Émulsionnez le chocolat fondu et la crème chaude : versez la crème en trois fois sur le chocolat en mélangeant vivement avec une maryse entre chaque ajout afin d'obtenir une texture lisse. Versez la ganache obtenue sur le fond de tarte cuit à blanc. Laissez cristalliser 30 minutes à température ambiante puis plusieurs heures au réfrigérateur (idéalement une nuit).

La décoration

Le jour de la dégustation, triez les framboises : gardez les plus belles pour décorer la tarte et utilisez les autres pour le coulis (environ 100 g).

Mixez les framboises pour le coulis, puis passez la purée obtenue dans une passoire fine pour retirer les grains. Versez le jus dans une petite casserole, ajoutez le sucre à confiture et quelques gouttes de jus de citron. Portez à ébullition, puis laissez tiédir à température ambiante.

Disposez les framboises debout et tête-bêche sur la ganache au chocolat blanc. À l'aide d'une cuillère à café ou d'une poche munie d'une douille fine, remplissez les framboises tête vers le bas de coulis.

Réservez la tarte au réfrigérateur jusqu'au moment de servir.

L'astuce d'Anne-Sophie

Déposez toujours un morceau de papier cuisson au fond de votre moule à tarte : démoulage facile garanti !

PECAN
pie

POUR 6-8 PERSONNES · 25 MIN · 45-50 MIN

INGRÉDIENTS

1 pâte sucrée (voir page 19)
375 g de noix de pécan en cerneaux
25 cl de sirop d'érable + 10 cl pour le glaçage (facultatif)
3 œufs
170 g de sucre
30 g de beurre fondu
1 c. à c. de vanille en poudre

La tarte aux noix de pécan

Préchauffez le four à 200 °C (th. 6-7).
Foncez un moule à tarte avec la pâte (voir page 19).
Sélectionnez les plus beaux cerneaux de noix de pécan pour le dessus de la tarte et coupez le reste (environ 1/3) en petits morceaux.
Dans un saladier, mélangez le sirop d'érable, le sucre, le beurre fondu, les œufs battus et un peu de vanille en poudre.
Ajoutez ensuite les cerneaux de noix de pécan coupés en morceaux et mélangez délicatement. Versez le mélange sur la pâte et répartissez-le sur tout le fond de tarte.
Enfournez dans le bas du four. Au bout de 25 minutes de cuisson, sortez la tarte du four et répartissez régulièrement les cerneaux de noix de pécan entiers sur le dessus.
Remettez au four pour 20 à 25 minutes, jusqu'à ce que le fond de la tarte soit bien cuit. Couvrez la tarte d'une feuille de papier cuisson si les noix de pécan commencent à trop colorer.

Le glaçage

Si vous le souhaitez, préparez le glaçage : portez 10 cl de sirop d'érable à ébullition et laissez réduire 1 minute à feu moyen. À l'aide d'un pinceau, badigeonnez les cerneaux de noix de pécan avec le sirop d'érable chaud pour les faire briller.
Laissez reposer et dégustez la tarte tiède accompagnée de crème fouettée ou d'une boule de glace à la vanille.

ENVIE DE *fraises...*

POUR 4 PERSONNES • 40 MIN • 25 MIN

POUR LA PÂTE À TARTE À L'AVOINE
135 g de flocons d'avoine • 45 g de noix de macadamia • 40 g d'amandes 80 g de beurre demi-sel • 55 g de sucre roux ou cassonade

POUR LA CRÈME PÂTISSIÈRE LÉGÈRE ROMARIN-HUILE D'OLIVE
2 jaunes d'œufs • 15 g de Maïzena® 40 g de sucre • 20 cl de lait • 1/2 gousse de vanille • 20 g d'huile d'olive de qualité • 3 branches de romarin frais • 20 cl de crème liquide entière (35 % de MG)

POUR LES FRAISES ET LE COULIS
500 g de fraises • 2 c. à s. de jus de citron • 1 c. à c. de sucre

POUR LE NAPPAGE NEUTRE
(Vous pouvez aussi utiliser du nappage neutre tout prêt en sachet.)
12 cl de jus de pommes 100 % pur jus • 25 g de sucre à confiture avec pectine (type Confisuc®) • 2 feuilles de gélatine

Les fonds de tartelettes

Préchauffez le four à 180 °C (th. 6). Faites fondre le beurre.
Dans le bol d'un mixeur, rassemblez l'avoine, les noix de macadamia, les amandes, la cassonade et le beurre fondu. Mixez jusqu'à l'obtention d'une pâte homogène mais un peu sablée. Répartissez-la dans 4 moules à tartelettes (dans lesquels vous aurez déposé un fond de papier cuisson), en appuyant fermement à l'aide d'une cuillère pour bien tasser la pâte et former de beaux rebords. Piquez à la fourchette et réservez au congélateur 10 minutes avant de faire cuire à blanc (voir page 19). Enfournez à mi-hauteur pour 20 à 25 minutes jusqu'à ce que les rebords soient bien dorés. Laissez les fonds de tartelettes refroidir un peu avant de les démouler et déposez-les sur une grille à pâtisserie jusqu'à ce qu'ils aient totalement refroidi.

La crème pâtissière légère

Rincez le romarin. Fendez la gousse de vanille et grattez les grains. Déposez-les dans une casserole avec le lait, 20 g de sucre et le romarin.
Portez à ébullition, puis laissez infuser 10 minutes hors du feu.
Dans une seconde casserole (hors du feu), fouettez les jaunes d'œufs avec le reste de sucre, ajoutez la Maïzena® et battez jusqu'à l'obtention d'une texture homogène.
Réchauffez un peu le lait. Versez-le en filet à travers un tamis dans la casserole contenant le mélange aux œufs. Fouettez, puis faites épaissir à feu moyen sans cesser de mélanger avec une cuillère en bois. Retirez la casserole du feu, ajoutez l'huile d'olive et mélangez.
Versez la crème dans un plat tapissé de film alimentaire, rabattez-le sur la crème et laissez tiédir, puis refroidir au réfrigérateur. Lorsque la crème pâtissière est bien froide, montez la crème liquide entière en crème fouettée bien ferme, puis incorporez-en la moitié délicatement à la crème pâtissière. Versez dans une poche munie d'une douille lisse. Versez le reste de crème fouettée dans une poche munie d'une douille cannelée et réservez au réfrigérateur.

Les fraises et le coulis

Rincez et équeutez les fraises. Coupez une tranche de part et d'autre de chaque fraise et réservez cette partie dans un bol. Coupez le centre de chaque fraise en 2 dans le sens de la longueur pour obtenir de belles tranches fines et régulières. Mixez les chutes de fraises réservées avec le sucre et le jus de citron. Filtrez le coulis obtenu et réservez.

Le nappage neutre

Faites tremper les feuilles de gélatine dans de l'eau froide. Mettez le jus de pommes dans une petite casserole. Faites chauffer à feu doux et ajoutez le sucre à confiture quand le jus commence à être bien chaud. Portez le tout à ébullition en remuant régulièrement (écumez si nécessaire). Retirez la casserole du feu, essorez la gélatine et incorporez-la dans le liquide chaud. Laissez refroidir.

Le dressage

Étalez une grosse cuillère à soupe de crème pâtissière sur chaque fond de tartelette. Disposez les tranches de fraises en rosace de l'extérieur vers le centre. Nappez les fraises de nappage neutre au pinceau. Terminez par quelques touches de crème fouettée. Décorez l'assiette de points de coulis et servez le reste en accompagnement.

BANOFFEE

pie

POUR 6-8 PERSONNES · 30 MIN · 15 MIN · 1 H

POUR LE FOND DE TARTE BISCUITÉ

75 g de beurre
200 g de biscuits de type Graham Crackers®

POUR LA CONFITURE DE LAIT

150 g de sucre roux ou cassonade
150 g de beurre
1 boîte de lait concentré sucré de 397 g
2 pincées de fleur de sel

POUR LA GARNITURE

3 bananes mûres
15 cl de crème liquide entière (35 % de MG)
50 g de chocolat au lait

Le fond de tarte biscuité

Préparez un fond de tarte biscuité avec le beurre et les biscuits.
Voir page 16.

La confiture de lait

Faites chauffer le sucre roux et le beurre dans une casserole à feu moyen, mélangez quand le beurre est fondu jusqu'à l'obtention d'une préparation homogène.
Incorporez le lait concentré et la fleur de sel. Portez à ébullition, puis retirez du feu.
Versez la confiture de lait sur le fond de tarte refroidi. Laissez tiédir à température ambiante, puis figer 1 heure au réfrigérateur. Démoulez délicatement la tarte sur un plat de service.

La garniture

Au moment de servir, coupez les bananes en rondelles fines et répartissez-les régulièrement en 2 couches sur la confiture de lait.
Montez la crème liquide entière en crème fouettée bien ferme et étalez-la en couche épaisse sur les bananes.
À l'aide d'un couteau ou d'un économe, râpez des copeaux de chocolat au lait et terminez en les parsemant sur la tarte.

Les astuces d'Anne-Sophie

- *Si vous ne trouvez pas de Graham Crackers®, remplacez-les par des biscuits Thé de Lu® ou des Digestive Biscuits®.*
- *Si vous manquez de temps, utilisez un pot de confiture de lait toute prête que vous passerez quelques secondes au micro-ondes avant de garnir la tarte.*
- *Coupez les bananes juste au moment de servir pour éviter qu'elles ne noircissent.*

TEA TIME *my dear*

TELEPHONE
PICCADILLY CIRCUS W1
REGENT STREET SW1
CITY OF WESTMINSTER

FIVE O'CLOCK TEA
♥ *in London* ♥

♥ POUR UN BIG BEN DE 50 CM ♥ ♥ 3 H ♥ ♥ 1 H 15 ♥ ♥ 1 NUIT ♥

♥ **POUR LE PAIN D'ÉPICES** ♥

1,5 kg de farine • 450 g de beurre bien froid coupé en dés • 5 c. à s. de mélange d'épices pour pain d'épices 1,5 c. à s. de bicarbonate de soude (ou de levure chimique) • 600 g de vergeoise blonde ou de cassonade 4 œufs • 1,5 pincée de sel • 335 g de Golden Syrup (au rayon anglo-saxon des supermarchés)

♥ **POUR LE GLAÇAGE ROYAL** ♥

41 g de poudre de meringue Wilton® 675 g de sucre glace • 112 g d'eau tiède

Le pain d'épices

Mettez la moitié de la farine et le beurre bien froid dans le bol d'un mixeur et mixez jusqu'à l'obtention d'une texture sablée.

Versez ce mélange dans un saladier et ajoutez le reste de farine, les épices, le bicarbonate de soude et le sel. Mélangez tout en versant la vergeoise blonde.

Dans un autre saladier, fouettez les œufs et le Golden Syrup, puis ajoutez le mélange précédent (poudres et beurre) tout en mélangeant avec une cuillère en bois.

Agglomérez ce mélange entre vos mains pour former une boule de pâte. Utilisez-la immédiatement ou enveloppez-la de film alimentaire et conservez-la au réfrigérateur jusqu'au moment de l'utiliser.

La préparation des éléments

Préchauffez le four à 200 °C (th. 6-7). Dessinez les différents éléments de Big Ben (sur www.fashioncooking.fr et sur le Facebook de M6 Editions) sur du papier cartonné et découpez-les.

Abaissez la pâte à pain d'épices sur 5 mm d'épaisseur à l'aide d'un rouleau. Formez des plaques de pâte de la taille de votre feuille de silicone. Enfournez-les pour 12 à 14 minutes dans le bas du four jusqu'à ce que le pain d'épices soit bien doré.

Laissez les plaques refroidir 3 à 4 minutes avant de les découper en suivant la forme des gabarits avec un couteau fin. Laissez refroidir les différents morceaux sur une grille à pâtisserie au moins 1 heure, idéalement une nuit.

Les éléments de la partie supérieure de la tour peuvent être découpés dans une plaque de pâte abaissée sur 3 mm d'épaisseur et cuite 10 à 12 minutes seulement.

Le montage

Préparez un glaçage royal à texture ferme (voir page 36). Remplissez une petite poche munie d'une douille lisse de 2 mm de diamètre. Dressez le monument sur une plaque à gâteau carrée en utilisant le glaçage comme ciment. Commencez par les murs principaux. Assemblez séparément le cube central et les différents éléments du toit. Laissez-les sécher au moins 1 heure.

Mettez quelques cuillères à soupe de glaçage dans un bol et ajoutez quelques gouttes d'eau pour obtenir une texture légèrement plus fluide. Transférez-le dans une poche munie d'une douille lisse très fine (1 mm de diamètre) et décorez les éléments déjà montés.

Assemblez les trois parties de la tour. Terminez la décoration avec du glaçage à l'aide d'une poche à douille cannelée pour cacher les jointures. Laissez sécher 1 heure.

♥ ***L'astuce d'Anne-Sophie*** ♥

Cette recette peut aussi être utilisée pour réaliser une maison en pain d'épices ou tout autre décor.

NEW YORK
delicatessen

POUR 15 COOKIES | 15 MIN | 11-12 MIN

INGRÉDIENTS

75 g de sucre
75 g de sucre roux ou cassonade
180 g de farine
1/2 c. à c. de bicarbonate de soude et 1/2 c. à c. de levure (ou 1 c. à c. de levure)
125 g de beurre demi-sel à température ambiante (ou 75 g de beurre doux et 75 g de beurre demi-sel)
1 œuf
100 g de pépites de chocolat blanc
75 g de noix de macadamia
75 g de cranberries séchées

La pâte à cookies

Préchauffez le four à 180 °C (th. 6). Faites tremper les cranberries dans un bol d'eau pendant 10 minutes pour les faire gonfler. Égouttez-les, puis essorez-les soigneusement entre 2 feuilles de papier absorbant.

Coupez les noix de macadamia en quatre.

Dans un mixeur, mélangez les sucres, la farine, le bicarbonate de soude et la levure. Ajoutez le beurre en petits morceaux. Mixez jusqu'à l'obtention d'une pâte un peu sablée, puis ajoutez l'œuf battu et mixez à nouveau jusqu'à ce que la pâte soit souple et pas trop collante. Ajoutez un peu de farine si besoin. Si vous travaillez la pâte à la main, comptez 10 minutes de plus pour la réalisation.

Transférez la pâte dans un saladier et ajoutez les pépites de chocolat blanc, les noix de macadamia et les cranberries bien essorées. Mélangez soigneusement à la main pour incorporer ces éléments à la pâte.

La cuisson des cookies

Formez des petites boules de pâte de la taille d'une balle de golf. Déposez-les sur la plaque du four recouverte de papier cuisson en les espaçant d'au moins 10 cm (prévoyez deux fournées). Aplatissez-les légèrement avec la paume de la main.

Enfournez à mi-hauteur pour 11 à 12 minutes (voire 9-10 minutes si votre four chauffe très fort). Sortez les cookies même s'ils n'ont pas l'air tout à fait cuits et qu'ils sont encore mous. Faites glisser immédiatement la feuille de papier cuisson avec les cookies sur une grille pour les faire refroidir. Ils vont durcir un peu en refroidissant mais rester moelleux à cœur.

Les cookies se conservent 3 jours dans une boîte en métal.

L'astuce d'Anne-Sophie

Si vous ne trouvez pas de pépites, cassez une plaque de chocolat blanc bien froide en plantant la pointe d'un couteau verticalement pour former des éclats.

LE MEILLEUR
PATISSIER

GREEN TEA

time

♥ POUR ENVIRON 16 SHORTBREADS ♥ ♥ 15 MIN ♥ ♥ 20 MIN ♥

♥ INGRÉDIENTS ♥

150 g de farine
1,5 c. à s. de thé vert matcha en poudre
50 g de sucre roux ou cassonade + 1 c. à s. pour le décor
100 g de beurre demi-sel à température ambiante
2 c. à s. de lait

La pâte à shortbreads

Préchauffez le four à 180 °C (th. 6).
Mélangez la farine, le thé vert matcha et le sucre roux dans un saladier. Incorporez le beurre coupé en petits morceaux en mélangeant du bout des doigts. Ajoutez le lait, puis malaxez jusqu'à l'obtention d'une pâte souple.

Le façonnage des biscuits

Abaissez la pâte au rouleau sur une planche farinée sur une épaisseur de 1 cm. À l'aide d'un couteau, découpez des bâtonnets d'environ 7 cm de longueur sur 1,5 cm de largeur.
Déposez-les sur la plaque du four recouverte de papier cuisson. À l'aide d'une fourchette, piquez-les de 2 trous tous les 1,5 cm (soit 3 fois). Saupoudrez-les de sucre roux.
Enfournez pour environ 20 minutes. Sortez les shortbreads dès qu'ils commencent à blondir ; ils ne doivent pas être trop cuits.
Les shortbreads se conservent 6 jours dans une boîte en métal.

♥ L'astuce d'Anne-Sophie ♥

Pour varier, remplacez le thé vert matcha par 2 cuillères à soupe de cacao non sucré ou 1 cuillère à soupe de zestes de citron fins ou, plus simplement, laissez les shortbreads nature.

HYPNOTIC
sablés

POUR ENVIRON 30 SABLÉS | 25 MIN | 12-14 MIN | 7 H

INGRÉDIENTS

600 g de farine
300 g de sucre
200 g de beurre à température ambiante
2 œufs + un peu d'œuf battu
4 c. à s. de lait
2 c. à s. de vanille liquide
Colorant alimentaire de la couleur de votre choix
Billes en sucre colorées (facultatif)

La pâte à sablés

Mélangez la farine et le sucre. Ajoutez le beurre, puis les œufs battus, le lait et la vanille. Pétrissez jusqu'à la formation d'une boule.
Divisez-la en deux et colorez une moitié (si vous utilisez du colorant liquide, il faudra peut-être ajouter une peu de farine si la pâte devient trop collante).
Enveloppez les boules de pâte de film alimentaire et laissez-les reposer au moins 1 heure au réfrigérateur.

Le façonnage des spirales

Sortez les pâtes 10 minutes avant de les travailler.
Pétrissez-les quelques secondes pour qu'elles soient plus faciles à étaler. Sur une planche en bois farinée, abaissez la pâte colorée avec un rouleau à pâtisserie et formez un rectangle d'environ 25 x 40 cm (il n'a pas besoin d'être parfait mais doit avoir au moins cette taille) sur 3 mm d'épaisseur. Faites de même avec la pâte blanche.
À l'aide d'un pinceau, badigeonnez légèrement la pâte blanche d'œuf battu. Déposez ensuite la pâte colorée dessus. Avec un couteau, mettez à longueur les 2 largeurs du rectangle en prenant soin de couper à un endroit où les pâtes se superposent.
Badigeonnez la pâte colorée d'œuf battu. Enroulez ensuite la double pâte sur elle-même en partant d'une des largeurs pour obtenir un gros boudin. Versez les billes de sucre dans le fond d'un plateau. Roulez le boudin dans les billes pour l'enrober comme une chapelure.
Enveloppez le boudin de papier cuisson en serrant bien et laissez durcir au réfrigérateur pendant au moins 6 heures.

La découpe des spirales

Préchauffez le four à 160 °C (th. 5-6). Découpez des tranches de pâte d'environ 5 mm d'épaisseur. Les premières sont généralement peu réussies mais les suivantes sont parfaites si vous avez bien roulé et serré le boudin. Déposez-les au fur et à mesure sur la plaque du four recouverte de papier cuisson en les espaçant légèrement.
Enfournez pour 12 à 14 minutes. Sortez les biscuits du four dès que les bords commencent à dorer car ils doivent rester le plus blanc possible.
Laissez-les refroidir quelques minutes sur une grille avant de les dévorer ou de les glisser dans de jolis sachets pour les offrir.

ROYAL
baby shower

POUR UNE QUINZAINE DE SABLÉS • 2 H • 15 MIN • 1 H • 12 H

POUR LA PÂTE À SABLÉS

300 g de farine • 150 g de sucre • 100 g de beurre à température ambiante 1 œuf • 3-4 c. à s. de rhum (ou 2 c. à s. de lait + 1 c. à s. de vanille liquide ou d'eau de fleur d'oranger)

POUR LE GLAÇAGE ROYAL AU CHOIX

à base de blanc d'œuf

2 blancs d'œufs • 600 g de sucre glace • Colorants alimentaires en poudre ou en gel

ou à base de poudre de meringue

41 g de poudre de meringue Wilton® 675 g de sucre glace • 112 g d'eau tiède • Colorants alimentaires en poudre ou en gel

Les sablés

Mélangez la farine et le sucre. Ajoutez le beurre, puis l'œuf battu et enfin le rhum. Pétrissez jusqu'à la formation d'une boule. Enveloppez-la de film alimentaire et laissez-la reposer au moins 1 heure au réfrigérateur.

Sortez la pâte 10 minutes avant de la travailler. Préchauffez le four à 180 °C (th. 6).

Sur une planche en bois farinée, abaissez la pâte sur 3 mm d'épaisseur. Découpez des sablés à l'aide d'emporte-pièces ou de gabarits de la forme de votre choix en suivant les contours avec un couteau fin. Déposez-les sur une plaque recouverte de papier cuisson.

Enfournez pour 15 minutes. Sortez les sablés dès que les bords commencent à dorer. Laissez-les refroidir 20 minutes sur une grille à pâtisserie avant de commencer à les décorer.

La préparation du glaçage

Quel que soit le glaçage que vous souhaitez réaliser, le procédé est le même.

Dans le bol d'un robot pâtissier ou dans un saladier et à l'aide d'un batteur électrique, fouettez tous les ingrédients à vitesse lente pendant 2 à 3 minutes, puis à vitesse moyenne pendant 5 à 6 minutes jusqu'à ce que le mélange soit brillant et ferme et que des pics se forment lorsque vous en prélevez une cuillère.

La coloration du glaçage

Répartissez le glaçage dans autant de bols que de couleurs nécessaires à votre réalisation. Gardez toujours du glaçage blanc en réserve.

Couvrez bien chacun des bols en attendant de l'utiliser.

Ajoutez du colorant en gel ou en poudre dans chaque bol en dosant selon l'intensité de la couleur que vous souhaitez. Commencez toujours par de petites touches que vous ajustez petit à petit.

Lorsque vous prélevez une cuillère de glaçage, celui-ci doit former un pic qui se recourbe légèrement en bec d'oiseau. Au besoin, ajustez la texture avec quelques gouttes d'eau.

La réalisation des contours

Transférez quelques cuillères de chaque glaçage coloré dans de petites poches munies de douilles lisses très fines de moins de 1 mm de diamètre (douilles Wilton® n° 1 ou 1,5).

Tracez les contours des différentes parties des sablés à décorer. Pressez régulièrement sur la poche et levez la douille à 1 ou 2 cm au-dessus du biscuit afin de mieux guider le fil de glaçage. Laissez sécher quelques minutes.

Couvrez l'embout des douilles de papier absorbant mouillé pour éviter que le glaçage ne les bouche, et réservez jusqu'au moment de réaliser les décors.

Le glaçage des fonds de sablés

Versez un peu de glaçage dans un bol. Ajoutez de l'eau petit à petit jusqu'à l'obtention d'une texture fondante dite texture de remplissage. Pour vérifier que vous l'avez obtenue, utilisez la règle des 10 secondes : un trait tracé à la surface du glaçage doit mettre 10 secondes pour disparaître totalement. Si le trait met plus de temps à se refermer, votre glaçage est trop épais, ajoutez un peu d'eau. À l'inverse, s'il disparaît plus vite, ajoutez un peu de sucre glace pour rectifier la texture.

Divisez le glaçage et colorez-le en fonction de l'utilisation que vous souhaitez en faire.

Transférez les glaçages dans de petites poches munies de douilles lisses très fines d'environ 1,5 mm de

diamètre (douilles Wilton® n° 3 ou 4). Tracez de larges traits sur les sablés à l'intérieur des contours que vous avez préalablement dessinés. Puis, à l'aide d'un cure-dent, effectuez de petits tourbillons dans le glaçage pour uniformiser la surface, chasser d'éventuelles bulles d'air et répartir la matière jusqu'aux contours. Secouez légèrement les sablés pour bien répartir le glaçage, puis laissez sécher 4 heures environ.

La décoration des sablés

Reprenez les poches de glaçage de contour pour réaliser les décors. Veillez toujours à bien lever la douille (1 à 2 cm au-dessus des sablés) pour maîtriser facilement la trajectoire du fil de glaçage.

Pour un dessin bien lisse et égalisé, utilisez aussitôt un pinceau humide pour aplatir les petits pics qui se seraient formés.

Laissez sécher les sablés environ 2 heures (ou une nuit si vous souhaitez les transporter ou les mettre en sachets).

Les astuces d'Anne-Sophie

- ***Les sablés sont encore meilleurs avec du beurre demi-sel.***
- ***La poudre de meringue permet de remplacer les blancs d'œufs crus par des blancs d'œufs en poudre, ce qui élimine le risque de salmonellose (à recommander pour les femmes enceintes et les jeunes enfants). On obtient également un glaçage qui durcit davantage et résiste mieux aux variations d'humidité. Il permet ainsi de conserver les biscuits décorés plus longtemps (jusqu'à 3 semaines dans une boîte hermétique).***
- ***Pour conserver le glaçage royal (entre les différentes étapes de décoration), filmez-le au contact, puis posez un torchon humide par-dessus. Laissez-le à température ambiante. Il peut ainsi se garder plusieurs heures à 2 jours pour le glaçage à la poudre de meringue. Lorsque vous souhaitez l'utiliser à nouveau, fouettez-le quelques instants.***

JOLIES DEMOISELLES
pistache-cerise

POUR UNE VINGTAINE DE MINI-RELIGIEUSES · 2 H · 50 MIN

POUR LE CRAQUELIN
40 g de beurre demi-sel à température ambiante • 50 g de sucre roux ou cassonade • 50 g de farine

POUR LA PÂTE À CHOUX
1/4 de l d'eau • 100 g de beurre • 4 g de sel fin • 5 g de sucre (facultatif) 150 g de farine • 250 g d'œufs (soit environ 4 à 5 œufs)

POUR LA CRÈME PÂTISSIÈRE À LA PISTACHE
4 jaunes d'œufs • 30 g de Maïzena® 80 g de sucre • 40 cl de lait • 40 g de beurre • 1 c. à s. de pâte de pistache

POUR L'INSERT À LA CERISE
150 g de confiture de cerises • 2 feuilles de gélatine

POUR LA CRÈME AU BEURRE
100 g de beurre à température ambiante • 80 g de sucre glace 1 c. à c. de vanille liquide • Fleur de sel

POUR LA DÉCORATION
150 g de pâte à sucre • Colorant en gel vert • Colorant en gel rouge cerise ou fuchsia • Perles de sucre roses

Le craquelin
Rassemblez tous les ingrédients dans un saladier et malaxez à la main jusqu'à l'obtention d'une boule. Étalez cette pâte très finement entre deux feuilles de papier cuisson. Enlevez délicatement la feuille du dessus et découpez 20 disques de 3 cm de diamètre et 20 autres de 1,5 cm de diamètre avec un emporte-pièce rond ou l'extrémité d'une douille (prévoyez-en un peu plus car il y en a toujours un ou deux qui cassent). Inutile de séparer les disques, marquez-les seulement puis réservez au congélateur le temps de préparer la pâte à choux.

La pâte à choux
Préchauffez le four à 250 °C (th. 8-9). Portez l'eau, le beurre, le sel et le sucre à ébullition dans une grande casserole. Ajoutez la farine en une seule fois et mélangez à l'aide d'une spatule jusqu'à ce que le mélange se détache des parois. Poursuivez la cuisson pendant 2 à 3 minutes pour bien dessécher la pâte.
Transférez-la dans un saladier et mélangez pendant 3 minutes pour la refroidir. Incorporez ensuite les œufs battus un par un. Veillez à ce que chaque œuf soit bien absorbé avant d'ajouter le suivant. Travaillez la pâte jusqu'à ce qu'elle soit bien lisse.
Posez une feuille de papier cuisson (préférez le papier cuisson à la feuille en silicone pour cette recette) sur une plaque allant au four. Versez la pâte à choux dans une poche munie d'une douille cannelée ou lisse d'environ 8 mm de diamètre et dressez 20 tas de pâte de 4 cm de diamètre et 20 autres tas de 2,5 cm de diamètre. Disposez-les en quinconce et en les espaçant pour que l'air chaud puisse circuler et qu'ils aient la place de gonfler.
Sortez le craquelin du congélateur, décollez délicatement les disques prédécoupés et posez un disque de 3 cm sur chaque chou de 4 cm et un disque de 1,5 cm sur chaque chou de 2,5 cm de diamètre.
Éteignez le four et enfournez les choux pour 10 minutes, puis rallumez le four à 160 °C (th. 5-6) en mode chaleur statique et poursuivez la cuisson 25 à 30 minutes pour les petits choux et 35 à 40 minutes pour les gros.
Sortez les choux du four et laissez-les refroidir sur la plaque 10 minutes avant de les décoller. Laissez-les ensuite sécher à l'air libre sur une grille idéalement toute une nuit, ou au moins 1 heure, avant de les garnir.

La crème pâtissière à la pistache
Dans une casserole, portez à ébullition le lait avec 40 g de sucre.
Dans une seconde casserole, fouettez les jaunes d'œuf avec le reste de sucre, puis ajoutez la Maïzena® et continuez de fouetter jusqu'à l'obtention d'une texture homogène.
Versez le lait chaud en filet. Fouettez, et faites épaissir à feu moyen sans cesser de mélanger avec une cuillère en bois.
Hors du feu, incorporez la pâte de pistache et le beurre.

JOLIES DEMOISELLES
pistache-cerise

(suite)

POUR UNE VINGTAINE DE MINI-RELIGIEUSES • 2 H • 50 MIN

Versez la crème pâtissière dans un plat tapissé de film alimentaire, rabattez le film sur la crème et laissez tiédir à température ambiante, puis refroidir au réfrigérateur.
Lorsque la crème pâtissière est bien froide, fouettez-la légèrement pour la détendre puis transférez-la dans une poche munie d'une douille lisse de 1,5 mm de diamètre (douille Wilton® n° 4).

L'insert à la cerise

Déposez la gélatine dans un bol d'eau froide pour la faire ramollir. Faites chauffer la confiture de cerises à feu doux, puis incorporez la gélatine essorée et mélangez pour la dissoudre. Passez au mixeur plongeant pour obtenir une texture lisse et suffisamment fluide pour passer à travers une douille fine. Transférez-la dans une poche munie d'une douille lisse de 1,5 mm de diamètre (douille Wilton® n° 4).

La crème au beurre

Fouettez le beurre jusqu'à ce qu'il commence à former des piques. Ajoutez le sucre glace en 3 fois ainsi que la vanille et une pointe de fleur de sel. Fouettez jusqu'à ce que le mélange blanchisse. Transférez-le dans une poche munie d'une douille cannelée de 5 mm de diamètre (douille Wilton® n° 16 ou 17) et réservez au réfrigérateur.

La décoration

Colorez les 2/3 de la pâte à sucre en vert pâle et le reste en rouge cerise. Étalez-les finement puis découpez à l'emporte-pièce des ronds verts de 5 cm de diamètre pour les gros choux et des ronds rouges de 3 cm de diamètre pour les petits. Couvrez d'un film alimentaire en attendant le dressage.

Le dressage des religieuses

Remplissez les gros choux de crème pâtissière à la pistache par le haut à l'aide de la poche à douille. Garnissez les petits choux de confit de cerise par le haut à l'aide de la poche à douille.
Déposez un disque de pâte à sucre légèrement humidifié sur chaque chou. Collez les petits choux sur les gros avec un peu de crème au beurre, puis décorez la jonction des deux choux. Déposez une perle en sucre sur chaque religieuse.

Y A LE PRINTEMPS
qui chante !

POUR 30 MACARONS ABEILLE ET 30 MACARONS FLEUR · 3 H · 25 MIN · 1 NUIT

POUR LA GANACHE À LA FLEUR D'ORANGER
30 g de crème liquide entière (35 % de MG) • 90 g de chocolat de couverture ivoire (chocolat blanc) 10 g de beurre • 2 c. à s. d'eau de fleur d'oranger

POUR LA GANACHE MONTÉE RÉGLISSE-FRAMBOISE
100 g de chocolat de couverture ivoire (chocolat blanc) • 200 g de crème liquide entière (35 % de MG) • 6 g de miel neutre • 1,5 c. à c. de réglisse en poudre • 200 g de framboises surgelées (non décongelées)

POUR LA GELÉE DE POMMES VERTES
3 pommes Granny Smith • 75 g de sucre + 7 g de pectine (ou 30 de sucre + 40 g de Vitpris®) • 4 c. à c. de jus de citron

POUR LES COQUES DE MACARONS (D'APRÈS UNE RECETTE DE MERCOTTE)
Les poudres : 225 g de poudre d'amandes 225 g de sucre glace
Les blancs d'œufs : 165 g de blancs d'œufs vieillis et à température ambiante 15 g de sucre • 1 pincée de sel
Le sirop : 225 g de sucre en poudre 75 g d'eau
Les colorants : Colorant bleu en gel ou en poudre • Colorant jaune en gel ou en poudre

POUR LA DÉCORATION
Feutre alimentaire noir • Amandes effilées

La ganache à la fleur d'oranger

Portez la crème à ébullition. Hors du feu, ajoutez le chocolat et mélangez pour le faire fondre. Incorporez le beurre sans cesser de mélanger. Ajoutez la fleur d'oranger. Laissez prendre une nuit au réfrigérateur.

La ganache montée réglisse-framboise

Portez à ébullition 50 g de crème et le miel, et faites infuser la réglisse. Faites fondre le chocolat au bain-marie. Versez-le dans un saladier et réalisez une émulsion à la maryse en versant la crème chaude en 3 fois pour obtenir un mélange lisse, brillant et élastique. Ajoutez ensuite les 150 g de crème froide, mélangez et laissez prendre une nuit au réfrigérateur.

La gelée de pommes vertes

Pelez et épépinez les pommes, puis détaillez leur chair en tout petits cubes. Faites-les compoter avec le sucre, la pectine (ou le Vitpris®) et 1,5 cuillère à café de jus de citron à feu moyen pendant 15 minutes. Mixez à l'aide d'un mixeur plongeant, ajoutez le reste de jus de citron si vous voulez renforcer un peu l'acidité de la gelée et laissez refroidir.

Les coques de macarons

Préchauffez le four à 150 °C (th. 5) après avoir pris soin de déposer une ou plusieurs plaques, suivant la capacité de votre four, sur la grille.
Passez au mixeur le sucre glace et la poudre d'amandes, puis tamisez-les.
À l'aide d'un robot, montez en neige 82 g de blancs d'œufs à température ambiante avec 15 g de sucre.
Dans le même temps, faites chauffer 225 g de sucre et l'eau, remuez pour bien dissoudre le sucre. Quand le sirop atteint 110-115 °C, versez-le en un mince filet sur les blancs pendant que le fouet tourne à vitesse moyenne. Continuez de fouetter jusqu'à ce que le bol du robot ait refroidi. Incorporez les 82 g de blancs non montés. Laissez tourner à peine 15 secondes.
Ajoutez les poudres d'un coup et macaronnez à la maryse, à la corne ou mieux, avec la feuille du robot, pendant 1 minute 30 pour obtenir un appareil lisse, brillant et qui fait le ruban.
Divisez l'appareil dans deux récipients et incorporez rapidement les colorants à la maryse, puis transférez les appareils dans des poches munies de douilles lisses plus ou moins larges (entre 2 et 4 mm de diamètre) selon les détails que vous réaliserez.
Dressez les macarons sur une plaque alvéolée recouverte de papier cuisson. Pour réaliser une abeille, dressez 2 ronds jaunes côte à côte, 1 petit et 1 grand, tirez le grand rond avec un cure-dent pour dessiner un aiguillon. Pour une fleur, faites 5 petits ronds bleus en cercle et terminez par un rond jaune au centre pour faire le cœur (aidez-vous du gabarit disponible sur www.fashioncooking.fr et sur le Facebook de M6 Editions).
Enfournez pour 13 à 15 minutes en fonction de votre four. Ouvrez le four

Y A LE PRINTEMPS
qui chante !

(suite)

POUR 30 MACARONS ABEILLE ET 30 MACARONS FLEUR · 3 H · 25 MIN · 1 NUIT

1 ou 2 fois en cours de cuisson pour éviter le fendillement.
À la sortie du four, laissez refroidir les coques sur la plaque, elles se détacheront toutes seules, inutile de mettre de l'eau sous le papier ! Attendez qu'elles soient froides avant de les garnir.

Le dressage

Montez la ganache à la réglisse comme une crème fouettée. Versez-la dans une poche munie d'une douille lisse de 10 mm. Garnissez les coques jaunes d'une noix de ganache. Enfoncez 1 ou 2 demi-framboises surgelées et refermez avec une seconde coque. Tracez quelques traits au feutre alimentaire noir sur les coques, puis enfoncez 2 amandes dans la ganache, de part et d'autre, pour former les ailes des abeilles.
Versez la gelée de pommes dans une poche munie d'une douille lisse de 10 mm. Faites de même avec la ganache à la fleur d'oranger.
Garnissez les fleurs en déposant des petits points de gelée de pommes sur les pétales et un point de ganache à la fleur d'oranger au centre, puis pressez légèrement une deuxième coque par-dessus.

SO FUNNY *cakes*

C'EST
dans la boîte !

POUR 12 PERSONNES • 2 H • 1 H • 3 H

POUR LE FONDANT MARRON-CHOCOLAT
1 kg de crème de marrons vanillée
200 g de chocolat à 65 % de cacao
100 g de beurre demi-sel • 100 g de beurre doux • 100 g de farine • 6 œufs • 6 c. à s. de poudre d'amandes

POUR LE BISCUIT SHORTBREAD AU CHOCOLAT
100 g de sucre • 200 g de beurre 250 g de farine • 50 g de cacao en poudre • 1 pincée de fleur de sel

POUR L'INSERT À LA POIRE
6 à 8 poires • 1 l d'eau • 100 g de sucre • 2 gousses de vanille • 10 g de pectine

POUR LA GANACHE AU DULCEY
400 g de chocolat Dulcey Valrhona® (ou un mélange de 2/3 de chocolat de couverture ivoire, chocolat blanc, et 1/3 de chocolat praliné)
200 g de crème fraîche liquide entière (35 % de MG) • 10 g de miel neutre

POUR LA DÉCORATION
750 g de pâte à sucre chocolat
100 g de pâte à sucre jaune • Poudre alimentaire or • Quelques gouttes d'alcool blanc (type vodka)

Le fondant marron-chocolat

Préchauffez le four à 150 °C (th. 5). Faites fondre doucement le chocolat et le beurre dans un récipient au bain-marie. Versez la crème de marrons dans un saladier ou dans le bol d'un robot pâtissier. Ajoutez le beurre et le chocolat fondus ainsi que la poudre d'amandes et la farine, puis mélangez. Battez les œufs entiers dans un récipient à part, puis incorporez-les à la préparation en fouettant vivement pour obtenir une préparation bien homogène.
Posez un cadre à entremets carré de 24 cm de côté sur une plaque recouverte d'une toile en silicone.
Versez l'appareil dans le cadre sur 1 cm de hauteur, puis enfournez pour environ 30 minutes. Le gâteau doit rester fondant mais être assez cuit pour se tenir. Laissez-le refroidir 20 minutes dans le cadre, puis ôtez celui-ci.

Le biscuit shortbread au chocolat

Mettez le beurre coupé en morceaux dans un saladier. Ajoutez la farine tamisée, le cacao et la fleur de sel, et malaxez du bout des doigts pour incorporer le beurre. Ajoutez le sucre et pétrissez jusqu'à l'obtention d'une pâte homogène.
Abaissez la pâte entre 2 feuilles de papier cuisson sur 2 mm d'épaisseur, de manière à former une surface d'au moins 24 x 24 cm, puis retirez la feuille du dessus et enfournez pour 20 à 25 minutes à 150 °C (th. 5). Laissez refroidir le biscuit 15 minutes avant de retourner le fondant marron-chocolat par-dessus.

L'insert à la poire

Préparez un sirop en portant à ébullition l'eau, le sucre et les gousses de vanille fendues. Pelez et épépinez les poires, puis coupez-les en brunoise (tout petits dés).
Faites-les pocher dans le sirop pendant 10 minutes à feu doux, puis égouttez-les et déposez-les sur du papier absorbant.
Récupérez 3 louches de sirop et faites-le réduire. Laissez tiédir, ajoutez la pectine et portez à nouveau à ébullition pendant 3 minutes.
Versez les dés de poires dans un bol et ajoutez 3 à 4 cuillères à soupe de sirop à la pectine.
Déposez le cadre propre sur le fondant et chemisez-le de rhodoïd. Versez les poires au sirop sur le fondant et laissez prendre 1 heure au congélateur.

La ganache au Dulcey®

Faites fondre le chocolat et le miel au bain-marie. Portez la crème à ébullition et versez-la en trois fois sur le chocolat fondu en émulsionnant. Lissez au mixeur plongeant, puis versez la ganache sur l'insert à la poire tant qu'elle est encore chaude et liquide. Laissez prendre à nouveau 1 heure au congélateur.

Le montage

Trempez la lame d'un couteau dans l'eau chaude, puis découpez le gâteau congelé pour former 4 carrés de

12 cm de côté. Superposez-les pour former un cube de 12 cm de hauteur. Réservez le gâteau au réfrigérateur jusqu'à son enrobage.

La décoration

Préparez un nœud en pâte à sucre jaune et laissez-le sécher quelques heures à l'air libre.

Trois ou quatre heures maximum avant de servir le gâteau, décorez-le. Découpez une large bande de pâte à sucre de 48 x 12 cm, puis enroulez-la autour du cube pour recouvrir les côtés. Découpez ensuite un carré de 16 cm de côté et déposez-le sur le cube en lissant bien pour former les angles du couvercle du paquet cadeau. Découpez des bandes de pâte à sucre jaune et collez-les en les humidifiant légèrement pour former les rubans du paquet. Collez enfin le nœud sur le paquet en le centrant. Passez de la poudre or dissoute dans quelques gouttes d'alcool blanc sur la pâte à sucre jaune avec un pinceau pour obtenir un effet or.

Remettez le gâteau au réfrigérateur jusqu'au moment de servir. Ne tardez pas trop pour éviter que la pâte à sucre ne se détrempe sous l'effet de l'humidité du gâteau et du réfrigérateur.

ZEBRA cake

POUR 8 PERSONNES · 20 MIN · 50 MIN

POUR LA GANACHE MONTÉE

100 g de Jivara® (chocolat au lait 40 % de cacao) • 220 g de crème liquide entière (35 % de MG) 6 g de miel neutre

POUR LE ZEBRA CAKE

6 œufs • 210 g de sucre blond • 195 g de farine • 100 g de chocolat noir 65 % de cacao • 100 g de chocolat de couverture ivoire (chocolat blanc) 1 sachet de sucre vanillé • 210 g de beurre • 1 pincée de sel

La ganache montée

La veille, portez à ébullition 60 g de crème et le miel.

Faites fondre le chocolat au bain-marie. Versez-le dans un saladier et réalisez une émulsion à la maryse en versant la crème chaude en 3 fois pour obtenir un mélange lisse, brillant et élastique.

Ajoutez ensuite les 160 g de crème froide, mélangez et laissez prendre une nuit au réfrigérateur.

Le lendemain, montez le mélange en chantilly ferme.

Le zebra cake

La veille ou le jour même, préparez le zebra cake.

Préchauffez le four à 180 °C (th. 6).

Cassez les œufs et séparez les blancs des jaunes. Dans un saladier, fouettez les jaunes avec le sucre jusqu'à ce que le mélange blanchisse. Ajoutez la farine et mélangez à nouveau. Versez la moitié de la pâte dans un second saladier.

Faites fondre le chocolat noir et la moitié du beurre au bain-mario. Ajoutez ce mélange dans un des deux saladiers et mélangez.

Faites fondre le chocolat blanc et l'autre moitié du beurre au bain-marie. Ajoutez ce mélange ainsi qu'un sachet de sucre vanillé dans le second saladier et mélangez.

Montez les blancs d'œufs en neige ferme avec une pincée de sel, divisez-les en deux et ajoutez une moitié dans chaque pâte.

Versez chaque pâte dans une poche pâtissière. Chemisez un moule à manqué de 24 cm de diamètre avec du papier cuisson.

Coupez l'extrémité des 2 poches pour obtenir une ouverture d'un peu moins de 1 cm. Formez un cercle avec l'équivalent d'une bonne cuillère à soupe de pâte cacao au centre du moule à manqué. Recommencez avec la pate a la vanille, en vous plaçant au centre du cercle. Continuez ainsi en alternant les couleurs jusqu'à épuisement des pâtes et en veillant à toujours commencer au centre du cercle précédent. En s'étalant la pâte formera des marbrures qui ressembleront à des zébrures une fois le gâteau coupé en parts.

Enfournez pour 50 minutes. Vérifiez la cuisson en piquant la pointe d'un couteau ; elle doit ressortir sèche. Laissez refroidir le gâteau 10 minutes avant de le démouler.

Le dressage

Quand le gâteau est bien refroidi, recouvrez-le intégralement de ganache montée à l'aide d'une spatule fine afin de cacher les marbrures pour créer la surprise à la découpe. Réservez au réfrigérateur jusqu'à la dégustation.

BOUQUET de roses

POUR 12 PERSONNES · 1 H 30 · 1 H

POUR LES GÂTEAUX
3 yaourts nature • 600 g de farine 840 g de sucre • 18 g de levure chimique 3 œufs • 15 cl d'huile • 1 c. à s. de vanille liquide • 1 à 2 c. à s. d'arôme naturel de fraise • 150 g de chocolat noir 65 % de cacao • Colorant rose foncé ou fuchsia en gel (évitez le colorant liquide dans cette recette)

POUR LE GLAÇAGE SWISS MERINGUE BUTTERCREAM (CRÈME AU BEURRE SUR BASE DE MERINGUE SUISSE)
200 g de blancs d'œufs (6-7 œufs) 170 g de sucre en poudre • 575 g de beurre à température ambiante, coupé en petits cubes • 2 pincées de sel Colorant rose en gel

POUR LE SIROP D'IMBIBAGE
Voir page 73

POUR LE MONTAGE
400 g de sucre glace • Le jus de 1 citron

Les gâteaux

Préchauffez le four à 200 °C (th. 6-7). Versez les yaourts dans le bol d'un robot pâtissier. Ajoutez le reste des ingrédients et mélangez le tout au fouet jusqu'à l'obtention d'une pâte homogène.
Prenez 3 saladiers et versez 600 g de pâte dans chacun. Parfumez une partie de la pâte avec la vanille, la deuxième avec le chocolat fondu et la troisième avec l'arôme de fraise. Colorez cette dernière en rose.
Versez chaque pâte dans un moule graissé de 18 cm de diamètre. Enfournez pour 50 minutes. À mi-cuisson, couvrez les gâteaux de papier cuisson pour que le dessus ne brûle pas. Vérifiez la cuisson en piquant un cure-dent ; il doit ressortir propre.
À la sortie du four, laissez les gâteaux refroidir quelques minutes avant de les démouler. S'ils ont beaucoup gonflé, égalisez-les à l'aide d'un couteau pour qu'ils aient tous la même hauteur.

Le glaçage swiss meringue

Pour la meringue suisse, préparez un bain-marie. Montez les blancs en neige dans un cul-de-poule avec un batteur électrique. Ajoutez progressivement les sucres mélangés dès que les blancs commencent à mousser.
Quand ils sont fermes, finissez de les monter au bain-marie jusqu'à ce que le mélange soit tiède (55-60 °C) et la texture lisse et bien brillante. Transférez-les dans le bol d'un robot pâtissier et fouettez jusqu'à ce qu'ils refroidissent (au moins 5 minutes).
Incorporez le beurre petit à petit à vitesse moyenne (avec un robot pâtissier, utilisez la feuille). Une fois qu'il est bien incorporé, ajoutez un peu de colorant jusqu'à l'obtention de la couleur souhaitée, augmentez un peu la vitesse et continuez à fouetter pendant environ 3 minutes. Raclez les bords du bol et fouettez 2 minutes à vitesse lente (ou à la main) pour éliminer les bulles d'air.

Le montage

Mélangez le sucre glace et le jus de citron pour obtenir un mélange pâteux mais encore liquide, qui va servir de « colle ».
Dans chaque gâteau, découpez deux cylindres, l'un de 12 cm de diamètre et l'autre de 6 cm de diamètre en vous aidant de gabarits découpés dans du carton. Centrez-les, puis coupez en suivant le contour des cercles avec un couteau à lame fine.
Insérez les cylindres les uns dans les autres en alternant les couleurs de manière à obtenir trois gâteaux tricolores. Badigeonnez les bords internes des cylindres de « colle » au pinceau avant de les imbriquer. Puis, imbibez les 3 gâteaux ainsi formés de sirop (voir page 73).
Posez un premier gâteau sur une plaque à gâteau en carton de 18 cm de diamètre. Superposez les 3 gâteaux en étalant une couche de « colle » entre chaque. Recouvrez intégralement le gâteau d'une très fine couche de glaçage. Réservez au réfrigérateur.

La décoration

Transférez le reste du glaçage dans une poche à douille munie d'une douille 1M Wilton®. Posez le gâteau et son plat de service sur un plateau tournant. Puis formez des roses à la douille sur toute la surface du gâteau. Réservez au réfrigérateur jusqu'au moment de servir.

CHARLOTTE'S
giant cupcake

POUR 6 PERSONNES • 2 H • 15 MIN • 12 H

POUR LE SIROP D'IMBIBAGE
100 g d'eau • 120 g de sucre • 20 g d'eau de vie de poire

POUR LES POIRES
4 poires • 10 g de beurre demi-sel

POUR LA MOUSSE AU CHOCOLAT
5 œufs • 160 g de beurre • 45 g de sucre • 150 g de chocolat noir 70 % de cacao • 1 pincée de fleur de sel 20 cl de crème liquide entière (35 % de MG) • 1 feuille de gélatine

POUR LA MERINGUE BICOLORE
6 blancs d'œufs • 180 g de sucre glace • 100 g de sucre • Colorant rose

POUR LE MONTAGE
30 biscuits cuillères (voir page 106 ou utilisez des biscuits du commerce) 2 tubes de Smarties® • 40 g de sucre glace • Quelques gouttes de jus de citron

Le sirop d'imbibage
Portez à ébullition le sucre, l'eau et l'eau-de-vie. Laissez bouillir à feu assez vif pendant 10 minutes jusqu'à ce que le mélange réduise et prenne une consistance sirupeuse. Laissez tiédir à température ambiante.

Les poires
Coupez leur chair en petits dés et faites-les revenir dans une poêle avec un peu de beurre. Laissez refroidir à température ambiante.

La mousse au chocolat
Faites tremper la gélatine dans un bol d'eau froide. Faites fondre le chocolat en morceaux et le beurre.
Hors du feu, incorporez la gélatine essorée et laissez refroidir.
Cassez les œufs en séparant les jaunes des blancs. Dans un saladier, battez les jaunes avec le sucre jusqu'à ce que le mélange blanchisse. Ajoutez le chocolat et le beurre fondus et refroidis, et battez à nouveau.
Ajoutez une pincée de sel aux blancs d'œufs et montez-les en neige ferme à l'aide d'un batteur. Incorporez-les délicatement au mélange au chocolat. Montez la crème liquide et incorporez la moitié au mélange (réservez le reste au frais pour coller la meringue). Ajoutez les dés de poire refroidis.

Le dressage
Chemisez un moule à charlotte de film alimentaire. Versez le sirop tiède dans une assiette creuse. Trempez-y les biscuits cuillères face sucrée vers le haut pour les imbiber.
Déposez une première couche de biscuits dans le fond du moule, puis tapissez-en les côtés en les disposant côte à côte. Versez la moitié de la mousse au chocolat, puis déposez par-dessus une couche de biscuits. Versez le reste de mousse au chocolat et terminez par une couche de bicuits. Recouvrez avec le film alimentaire et placez au réfrigérateur pendant au moins 4 heures.

La meringue bicolore
Préchauffez le four à 120 °C (th. 4). Préparez une meringue suisse (voir page 64). Versez-en la moitié dans une poche à pâtisserie. Colorez l'autre en rose et mettez-la dans une autre poche. Collez les 2 poches ensemble avec du scotch, coupez les pointes et insérez l'ensemble dans une troisième poche munie d'une douille lisse de 1 cm.
Sur une feuille de papier cuisson, dressez 4 cercles de 5, 10, 15 et 20 cm de diamètre. Lissez le dessus des 3 gros cercles et terminez le petit par une pointe. Enfournez pour 1 h 10 à 1 h 30 (en fonction du four et de la taille des disques) en maintenant la porte du four entrouverte à l'aide d'une cuillère en bois. Laissez dessécher les meringues dans le four porte fermée, une fois la cuisson terminée. À la sortie du four, laissez-les refroidir quelques minutes.

Le dressage
Démoulez la charlotte sans la retourner en tirant sur les côtés du film alimentaire. Posez-la sur un plat de service. Collez le grand disque de meringue sur la charlotte avec un peu de crème fouettée.
Empilez les autres disques du plus large au plus petit en les collant avec un peu de crème fouettée. Posez ce chapeau sur le grand disque.
Décorez de Smarties® que vous collerez avec un mélange de sucre glace et de jus de citron.

SKY HIGH
lorrain

POUR 6-8 PERSONNES • 30 MIN • 35 MIN

POUR LES GÂTEAUX LORRAINS

210 g de blancs d'œufs • 210 g de sucre + 3 c. à s. pour les moules 135 g de farine • 125 g de beurre 1 pincée de sel • 250 g de framboises fraîches ou surgelées (si vous utilisez des framboises surgelées, laissez-les décongeler à température ambiante sur une feuille de papier absorbant)

POUR LE GLAÇAGE AU BEURRE NOISETTE-VANILLE

120 g de beurre doux • 440 g de sucre glace • 4 c. à s. de crème fraîche entière épaisse • 4 c. à s. de vanille liquide 2-3 pincées de fleur de sel • Colorant rose en gel (facultatif)

Les gâteaux lorrains

Préchauffez le four à 180 °C (th. 6). Faites fondre le beurre et laissez-le refroidir.

Trempez un pinceau ou un papier absorbant dans le beurre fondu et beurrez 3 moules de 18 cm de diamètre. Versez 1 c. à s. de sucre semoule dans les moules et inclinez-les pour bien le répartir au fond et sur les côtés. Mettez les moules au réfrigérateur.

À l'aide d'un batteur ou d'un robot pâtissier, montez les blancs en neige ferme avec une pincée de sel. Versez la moitié du sucre et fouettez à nouveau pour serrer les blancs (ils doivent être très fermes).

Versez le reste de sucre et la farine, puis mélangez pendant 2 à 3 minutes (avec un robot pâtissier, utilisez la feuille). Ajoutez le beurre fondu refroidi et mélangez une dernière fois pendant 1 minute environ.

Répartissez la pâte dans les moules. Enfournez pour 35 minutes. À mi-cuisson, posez une feuille d'aluminium ou de papier cuisson sur les gâteaux pour éviter que le dessus ne brûle.

À la sortie du four, laissez les gâteaux refroidir quelques instants avant de les démouler.

Le glaçage au beurre noisette-vanille

Préparez un beurre noisette : faites-le fondre et laissez-le colorer à feu moyen jusqu'à ce qu'il devienne brun. Déposez aussitôt le fond de la casserole dans de l'eau froide pour arrêter la coloration. Passez le beurre à travers une passoire fine pour le débarrasser des grains colorés et laissez-le totalement refroidir.

Dans un robot pâtissier, ou un saladier et à l'aide d'un batteur électrique, fouettez le beurre refroidi à vitesse lente et ajoutez le sucre glace, petit à petit.

Quand le beurre ne peut plus absorber de sucre, ajoutez un peu de crème ou de vanille liquide. Recommencez jusqu'à ce que le mélange soit lisse et que tout le sucre glace soit incorporé. Ajoutez 2 ou 3 pincées de fleur de sel selon votre goût. Colorez le glaçage si vous le souhaitez. Battez pendant au moins 5 minutes jusqu'à ce qu'il devienne léger et aérien.

Le montage du gâteau

Disposez un premier gâteau sur un plat de service, face lisse sur le dessus. Garnissez-le d'une couche de glaçage de 1 cm. Posez le deuxième gâteau et recommencez l'opération.

Recouvrez tout le gâteau de glaçage à l'aide d'une spatule fine.

Transférez le reste de glaçage dans une poche munie d'une petite douille cannelée. Alternez décors en glaçage et framboises fraîches sur le dessus du gâteau.

Réservez au réfrigérateur et dégustez bien frais éventuellement accompagné d'un coulis de framboises.

L'astuce d'Anne-Sophie

Préparez les gâteaux la veille, mais ne réalisez le montage que le jour même pour ne pas les ramollir et profiter au maximum de leur texture meringuée.

TORTUE

royale

♥ POUR 6 PERSONNES ♥ ♥ 1 H ♥ ♥ 6 H MINIMUM ♥

♥ POUR LE BISCUIT ROULÉ ♥

(Vous pouvez aussi utiliser des mini-roulés à la fraise de Lu®.)

6 œufs • 120 g de sucre • 60 g de farine • 60 g de Maïzena® • 1 pot de confiture de framboises • 2 feuilles de gélatine

♥ POUR LA BAVAROISE ♥

30 cl de lait entier • 3 feuilles de gélatine • 1 gousse de vanille • 120 g de sucre • 3 jaunes d'œufs • 150 g de crème liquide entière (35 % de MG) 200 g de framboises fraîches

♥ POUR LA DÉCORATION ♥

Nappage neutre (voir page 23) • 1 ou 2 kiwis

Le biscuit roulé

Préchauffez le four à 200 °C (th. 6-7). Cassez les œufs et séparez les blancs des jaunes. Tamisez la farine et la Maïzena®. Dans le bol d'un robot pâtissier, montez les blancs en neige à vitesse moyenne en ajoutant le sucre petit à petit. Quand ils sont en bec d'oiseau, diminuez la vitesse, ajoutez les jaunes et continuez à battre 15 secondes. Ajoutez délicatement les poudres à la maryse.

Étalez l'appareil à biscuit sur 5 mm d'épaisseur sur 2 plaques de four recouvertes d'une toile silicone ou de papier cuisson. Lissez et enfournez pour 15 minutes environ en surveillant. Démoulez les biscuits avec précaution en retournant les plaques sur une feuille de papier cuisson, couvrez-les d'une autre feuille de papier cuisson. Laissez-les refroidir.

Pendant ce temps, faites ramollir la gélatine dans de l'eau froide. Mettez la confiture de framboises dans une casserole et portez à ébullition.

Hors du feu, ajoutez la gélatine essorée et mélangez jusqu'à ce qu'elle soit dissoute.

Tartinez les biscuits refroidis de confiture, roulez-les bien serrés puis enveloppez-les dans du film alimentaire. Laissez durcir au réfrigérateur.

La bavaroise vanille-framboise

Faites ramollir 3 feuilles de gélatine dans de l'eau froide.

Dans un saladier, mélangez les jaunes d'œufs et le sucre. Versez dans une casserole, ajoutez le lait et la gousse de vanille fendue. Faites cuire à feu doux en remuant jusqu'à ce que la crème soit nappante (elle doit napper le dos d'une cuillère), soit entre 82 et 84 °C. Retirez-la du feu et passez-la au tamis si elle forme de petits grains. Ajoutez la gélatine essorée et mélangez pour la faire fondre.

Fouettez la crème liquide comme pour la monter en chantilly et arrêtez lorsque vous obtenez une texture mousseuse.

Lorsque la crème anglaise atteint 45-50 °C, ajoutez 1/3 de la crème montée. Mélangez, puis incorporez délicatement la crème anglaise à la crème montée à l'aide d'une maryse. Incorporez tout aussi délicatement les framboises fraîches.

Le montage

Tapissez soigneusement un moule demi-sphérique de 18 cm de diamètre avec du film alimentaire. Découpez les biscuits roulés en tranches de 4-5 mm d'épaisseur et tapissez-en tout le moule. Serrez-les pour que la bavaroise soit complètement masquée quand la charlotte sera démoulée.

Remplissez de crème bavaroise puis recouvrez des tranches de biscuit restantes. Posez une semelle en carton avec éventuellement un poids pour tasser le tout et réservez au réfrigérateur au moins 6 heures.

La décoration

Démoulez la charlotte sur un plat de service et passez aussitôt une fine couche de nappage neutre au pinceau pour lui donner de la brillance et éviter que les biscuits ne sèchent.

Épluchez les kiwis et formez au couteau la tête, les quatre pattes et la queue de la tortue. Disposez-les autour de la charlotte.

♥ L'astuce d'Anne-Sophie ♥

Pour une version express et simplifiée de ce gâteau, vous pouvez utiliser des mini-roulés fraises de Lu®. Coupez-les en tranches fines pour tapisser le moule et remplacez la crème anglaise par un mélange de 250 g de fromage blanc, 100 g de sucre et le jus de 1/2 citron, auquel vous ajouterez la gélatine fondue au bain-marie, la crème fouettée et les framboises.

SKY HIGH *pavlova*

POUR 6-8 PERSONNES · 45 MIN · 1 H

POUR LA MERINGUE SUISSE

210 g de blancs d'œufs (environ 7 blancs d'œufs) • 210 g de sucre glace 210 g de sucre

POUR LA CHANTILLY

40 cl de crème liquide entière (35 % de MG) • 2 c. à s. de sucre glace • 1 c. à c. de vanille liquide ou en poudre

POUR LE COULIS DE FRUITS DE LA PASSION

6 fruits de la passion • 1 c. à s. de sucre à confiture avec pectine (type Confisuc®) • Quelques gouttes de jus de citron vert

POUR LA GARNITURE DE FRUITS

1 grosse mangue • 400 g de fraises

La meringue suisse

Préchauffez le four à 180 °C (th. 6).
Préparez un bain-marie. Montez les blancs en neige dans un cul-de-poule avec un batteur électrique. Ajoutez progressivement les sucres mélangés dès que les blancs commencent à mousser.
Quand ils sont fermes, finissez de les monter au bain-marie jusqu'à ce que le mélange soit tiède (55-60 °C) et la texture lisse et bien brillante. Transférez-les dans le bol d'un robot pâtissier et fouettez jusqu'à ce qu'ils refroidissent (au moins 5 minutes). Versez la meringue obtenue dans une poche à douille.
Dessinez (ou imprimez) un cercle de 18 cm de diamètre sur une feuille au marqueur noir épais. Déposez-la sur une plaque de four et recouvrez d'une toile en silicone ou de papier cuisson. Dressez 2 ou 3 cercles de meringue bien épais (2 cercles de 4 cm de hauteur ou 3 cercles de 3 cm de hauteur) en vous aidant du modèle qui apparaît en transparence. Suivez bien le contour pour que vos meringues soient identiques.
Lissez le dessus des meringues, mais ne cherchez pas à avoir des contours parfaits pour qu'elles restent rebondies. Retirez la feuille de papier avec le cercle et enfournez. Baissez la température à 120 °C (th. 4). Faites cuire pendant 1 heure. Si vous avez utilisé deux plaques, inversez-les au bout de 30 minutes pour que la cuisson soit uniforme.
Les meringues ne doivent pas dorer, mais juste prendre une couleur ivoire un peu mat. Elles seront ainsi craquantes en surface et moelleuses à cœur. À la fin de la cuisson, éteignez le four et entrouvrez-le. Laissez refroidir 1 heure avant de sortir les meringues.

La chantilly

Versez la crème liquide bien froide dans le bol d'un robot pâtissier ou dans un saladier et fouettez jusqu'à l'obtention d'une texture bien dense. Ajoutez le sucre glace et la vanille pour serrer la crème et fouettez à nouveau quelques secondes jusqu'à l'obtention d'une chantilly ferme et aérienne.

Le coulis de fruits de la passion

Voir page 114.

La garniture de fruits

Pelez la mangue, retirez le noyau et détaillez la chair en petits cubes. Rincez et équeutez les fraises, et coupez-les en petits cubes. Si vous préparez le dessert plus de 2 heures à l'avance, pensez à citronner légèrement les fruits pour qu'ils ne noircissent pas.

Le montage

Faites glisser la meringue la plus plate sur un plat de service. Étalez ou pochez une couche épaisse de chantilly sur chaque meringue. Parsemez de fruits et de quelques cuillères de coulis. Superposez les disques de meringue garnis.
Au moment de servir, faites couler du coulis sur les fruits et le pourtour du gâteau. Servez avec le reste de coulis.

Les astuces d'Anne-Sophie

• Les meringues peuvent être préparées jusqu'à 2 jours à l'avance et conservées dans un endroit sec. En revanche, le montage doit être réalisé au maximum 2 heures avant la dégustation, sinon les fruits et la chantilly risquent de détremper la meringue.

• Pour la découpe, le plus simple est de séparer les disques de meringue, de faire des parts d'une seule couche de meringue et de servir quelques fruits à côté.

BLACK *forest*

POUR 6-8 PERSONNES · 2 H · 25 MIN

POUR LE BISCUIT AU CHOCOLAT

30 g de farine • 30 g de Maïzena® 30 g de cacao en poudre (non sucré type Van Houten®) • 150 g de sucre roux ou cassonade • 6 œufs • 75 g de beurre demi-sel

POUR LES CERISES GRIOTTES

250 g de griottes surgelées • 250 g de Griottines (cerises au kirsch) • 80 g de sucre • 1 c. à c. de cannelle en poudre 2 c. à s. de Maïzena® • 2 c. à s. d'eau

POUR LA COUCHE CONFITURE

7 c. à s. de confiture de cerises (environ ½ pot) • 4 c. à s. de kirsch

POUR LA CRÈME AU KIRSCH

600 g de crème liquide entière (35 % de MG) • 500 g de mascarpone • 80 g de sucre • 50 g de kirsch

POUR LA DÉCORATION

10 cônes à glace en gaufrette • 200 g de chocolat noir 65 % de cacao 100 g de chocolat noir en copeaux ou râpé

Le biscuit au chocolat

Préchauffez le four à 180 °C (th. 6).
Tamisez les poudres (farine, fécule, cacao).
Cassez les œufs et séparez les jaunes des blancs. À l'aide de votre robot pâtissier, montez les blancs en neige ferme avec le sucre roux.
Dans une casserole, faites fondre le beurre.
Incorporez à la maryse les jaunes d'œufs aux blancs en neige, puis les poudres et enfin le beurre fondu chaud.
Tapissez 4 moules de 18 cm de diamètre avec du papier cuisson, puis répartissez la pâte.
Enfournez pour 25 minutes. Démoulez et laissez tiédir.
Égouttez les Griottines. Punchez généreusement les 4 biscuits encore tièdes avec leur sirop.

Les cerises

Dénoyautez les deux types de cerises et portez-les à ébullition avec la cannelle et le sucre.
Ajoutez la Maïzena® délayée dans l'eau. Donnez un bouillon en remuant sans arrêt. Retirez du feu.

La couche confiture

Mélangez le kirsch à la confiture de cerises dans une petite casserole et portez à ébullition, puis laissez refroidir.

La crème au kirsch

À l'aide d'un robot pâtissier, montez au fouet à vitesse lente la crème liquide bien froide avec le mascarpone, le kirsch et le sucre jusqu'à l'obtention d'une texture de crème fouettée souple. Réservez au frais.

Le montage

Lorsque les biscuits sont totalement refroidis, dressez le gâteau. Posez un premier biscuit sur une grille à pâtisserie.
Étalez un peu de crème et répartissez la moitié des cerises dessus, déposez le second biscuit, puis couvrez de confiture.
Déposez le troisième biscuit, garnissez-le de crème, puis du reste de cerises. Surmontez du dernier biscuit. Recouvrez entièrement le gâteau d'une fine couche de crème et faites prendre au frais.

La décoration

Coupez l'extrémité la plus large des cônes de manière à les faire tenir debout. Variez les hauteurs pour simuler une forêt de sapins.
Faites fondre du chocolat et badigeonnez les cônes à l'aide d'un pinceau. Parsemez de copeaux et laissez durcir.
Recouvrez le gâteau d'une couche un peu plus épaisse de crème et lissez bien à l'aide de la spatule. Déposez les cônes chocolatés sur le gâteau en les enfonçant légèrement pour former une forêt. Parsemez de copeaux de chocolat.

BIRTHDAY
cake

POUR 6-8 PERSONNES · 45 MIN · 1 H · 2 H

POUR LE CAKE AU CHOCOLAT

200 g de beurre + 1 noix pour le moule • 4 œufs • 200 g de sucre
160 g de farine • 40 g de cacao en poudre non sucré (type Van Houten®)
2 c. à c. de levure (4 g) • 1 pincée de sel

POUR LA MOUSSE À LA NOIX DE COCO

250 g de mascarpone • 125 g de lait concentré sucré • 75 g de noix de coco râpée + 30 g pour la déco
15 cl de crème liquide entière (35 % de MG)

Le cake au chocolat

Préchauffez le four à 200 °C (th. 6).

Coupez le beurre en petits morceaux et passez-les quelques secondes au micro-ondes pour qu'ils ramollissent (ils ne doivent pas fondre).

Dans le bol d'un robot pâtissier ou dans un saladier et à l'aide d'un batteur, mélangez le beurre ramolli et le sucre. Fouettez jusqu'à l'obtention d'un mélange homogène.

Ajoutez les œufs un à un ; fouettez 1 minute entre chaque œuf pour bien l'incorporer. Ajoutez alors la farine, le cacao en poudre, la levure et le sel. Mélangez à la cuillère en bois, puis fouettez à nouveau 1 minute pour bien homogénéiser l'appareil.

Dans le fond d'un moule à bord haut de 18 cm de diamètre, déposez un rond de papier cuisson, puis graissez les côtés du moule.

Versez la préparation et lissez-la légèrement pour bien la répartir. Enfournez pour 20 minutes, puis baissez la température du four à 150 °C (th. 5) et poursuivez la cuisson pendant 40 minutes. Plantez la lame d'un couteau dans le cœur du gâteau ; elle doit ressortir parfaitement lisse.

À la sortie du four, laissez refroidir le gâteau 20 minutes avant de le démouler.

La mousse à la noix de coco

Dans le bol d'un robot pâtissier ou dans un saladier et à l'aide d'un batteur, fouettez le mascarpone et le lait concentré sucré. Une fois la préparation bien aérée, incorporez la noix de coco râpée. Réservez 1/3 de cette mousse dans un saladier au réfrigérateur.

Le montage

À l'aide d'un long couteau cranté, fendez le gâteau refroidi en deux. S'il a beaucoup gonflé à la cuisson, égalisez le dessus pour qu'il soit bien plat. Recouvrez la partie inférieure de mousse à la noix de coco sur environ 1 cm d'épaisseur et jusqu'à 1 cm du bord. Déposez la seconde moitié de gâteau. Laissez prendre 15 minutes au congélateur ou 2 heures au réfrigérateur.

Le dressage

Fouettez la crème liquide bien froide en chantilly et incorporez délicatement le 1/3 de mousse à la noix de coco restant.

Recouvrez entièrement le gâteau de ce glaçage à l'aide d'une spatule. Saupoudrez-le de noix de coco râpée.

L'astuce d'Anne-Sophie

Si vous n'êtes pas expert en lissage de glaçage, vous pouvez disposer des biscuits Finger® au chocolat blanc tout autour du gâteau pour une décoration bien nette et originale.

HAPPY BIRTHDAY

PINK RAINBOW
cake

POUR 8-10 PERSONNES · 1 H · 1 H

POUR LE GÂTEAU
250 g de beurre à température ambiante • 250 g de sucre • 3 pincées de sel • 1 c. à s. de vanille liquide
5 œufs battus • 100 g de yaourt grec
85 g de farine • 250 g de farine avec levure incorporée • 3 c. à s. de lait demi-écrémé • Colorant rose en gel ou en poudre • 1 pot de confiture de votre choix

POUR LE SIROP D'IMBIBAGE
100 g de sucre • 10 cl d'eau
1 gousse de vanille

POUR LA DÉCORATION
800 g de pâte à sucre blanche
Colorant rose en gel • Glaçage royal (voir p. 36) • Colorant vert en gel
Perles en sucre dorées ou jaunes

Le gâteau
Préchauffez le four à 180 °C (th. 6).
Préparez la pâte à gâteau en suivant les étapes du wedding cake (voir p. 77). Divisez-la en cinq dans cinq petits bols. Colorez-en quatre, en variant la quantité de colorant rose afin d'obtenir un dégradé.
Versez chaque pâte dans un moule de 18 cm de diamètre chemisé de papier cuisson. Enfournez pour environ 20 minutes. Surveillez la cuisson car les couches de gâteau n'étant pas épaisses, elle peut être très rapide. Vérifiez la cuisson en insérant la lame d'un couteau au centre des gâteaux ; elle doit ressortir propre.
Démoulez aussitôt les gâteaux sur une grille, face bombée contre la grille, pour les aplatir au maximum, et laissez-les refroidir.

Le sirop d'imbibage
Mettez l'eau, le sucre et la gousse de vanille fendue dans une casserole. Faites chauffer à feu doux jusqu'à ce que le sucre soit dissout.
Retournez les gâteaux sur une planche. Piquez-les avec une fourchette ou un cure-dent et imbibez-les de sirop à l'aide d'un pinceau.

Le montage
Si la confiture contient des morceaux, passez-la au mixeur pour la lisser. Faites-la ensuite tiédir dans une petite casserole ou au micro-ondes pour faciliter son étalage.
Posez le gâteau blanc sur un plat de service, face bombée sur le dessous, étalez une fine couche de confiture et déposez le gâteau rose le plus clair dessus. Recommencez avec les autres gâteaux de manière à faire un joli dégradé. Recouvrez tout le gâteau de confiture.

La décoration
Abaissez environ 700 g de pâte à sucre sur 5 mm d'épaisseur sur une planche saupoudrée de sucre glace, à l'aide d'un rouleau à pâtisserie. Vérifiez qu'elle forme un cercle suffisamment large pour recouvrir le gâteau.
Glissez vos avant-bras, les mains bien à plat, sous la pâte à sucre pour la soulever, puis déposez-la sur le gâteau. Lissez soigneusement le dessus et les côtés avec le plat de la main pour obtenir une surface uniforme.
Colorez le reste de pâte à sucre en rose et découpez des fleurs à l'aide d'un emporte-pièce. Collez des billes en sucre avec un peu de glaçage royal au centre des fleurs pour former le cœur.
Colorez un peu de glaçage royal en vert et dessinez des tiges de fleurs sur la pâte à sucre avec une poche à douille lisse fine de moins de 1 mm de diamètre (Wilton® n° 1 ou 1,5). Collez les fleurs aux intersections des tiges à l'aide de glaçage royal vert.
Vous pouvez terminer par une finition en glaçage royal blanc avec une petite douille cannelée.
Conservez le gâteau à température ambiante jusqu'à la dégustation.

L'astuce d'Anne-Sophie
Vous pouvez aussi recouvrir le gâteau du glaçage de votre choix (crème au beurre, crème fouettée...). L'idée est surtout de masquer les différentes couches du gâteau pour découvrir le dégradé de rose à la découpe.

Cheesecake Oreo

I LOVE *America*

WEDDING CAKE
Le Meilleur Pâtissier

POUR ENVIRON 30-40 PARTS • 5-6 H (à répartir sur 2 jours) • 3 H

POUR LES GÂTEAUX DE 18 ET 24 CM
625 g de beurre à température ambiante
625 g de sucre • 4 pincées de sel
12 œufs • 250 g de yaourt grec • 830 g de farine • 20 g de levure • 6 c. à s. de lait demi-écrémé • Vanille liquide selon votre goût

POUR LE LEMON CURD
6 œufs • 300 g de sucre • Le zeste de 2 citrons • 27 cl de jus de citron (environ 6 citrons) + 3 cl • 150 g de beurre • 3 feuilles de gélatine
3 pommes Granny Smith

POUR LE SIROP D'IMBIBAGE
150 g de sucre • 15 cl d'eau 1 gousse de vanille • Le jus de 2 citrons

POUR LE GLAÇAGE AU CREAM CHEESE
265 g de cream cheese (fromage frais de type Philadelphia® ou St Môret®)
265 g de beurre • 3 c. à c. de vanille liquide 825 g de sucre glace
2-3 pincées de fleur de sel

POUR LA DÉCORATION
4,5 kg de pâte à sucre vert flash (1 kg pour le petit gâteau, 1,25 kg pour le grand, 1,75 kg pour le faux gâteau) • 400 g de pâte à sucre fuchsia
Colle alimentaire • 2 plaques à gâteau cartonnées de 5 mm d'épaisseur (18 cm et 24 cm de diamètre) • 4 piliers à gâteau en bois ou en plastique de taille ajustable (et une pince pour les couper)
1 faux gâteau en polystyrène de 30 cm de diamètre

Les gâteaux

Commencez par préparer le petit gâteau. Préchauffez le four à 180 °C (th. 6) en mode chaleur tournante.

Dans le bol du robot, rassemblez 310 g de beurre, 310 g de sucre, de la vanille et 2 pincées de sel. Fouettez jusqu'à l'obtention d'une pâte pâle et aérienne.

Dans un autre récipient, cassez et battez 6 œufs. Ajoutez-les petit à petit dans le bol du robot sans cesser de battre pour bien les incorporer. Ajoutez 1 ou 2 cuillères à soupe de farine si le mélange commence à trancher. Ajoutez ensuite 125 g de yaourt grec.

Mélangez 415 g de farine et 10 g de levure, puis tamisez avant de les incorporer à la pâte. Ajoutez 3 cuillères à soupe de lait. Raclez bien les bords du bol avec une maryse et mélangez une dernière fois.

Déposez un cercle de papier cuisson au fond d'un moule de 18 cm de diamètre. Percez-le au centre avec un clou à fleur en métal et laissez la pointe du clou dépasser vers le haut, cela permettra de diffuser la chaleur au centre du gateau. Huilez légèrement le moule avec un pinceau et chemisez les côtés de papier cuisson. Remplissez le aux deux tiers (réservez le reste de pâte pour l'autre gâteau), lissez bien et enfournez pour environ 1 h 20. Couvrez le gâteau de papier cuisson dès qu'il commence à colorer. Ce n'est pas grave si le dessus brunit, il sera coupé lors du montage. Glissez la lame d'un couteau au centre pour vérifier la cuisson ; elle doit ressortir propre.

Préparez la seconde pâte en suivant les mêmes étapes. Versez-la dans un moule de 24 cm de diamètre et enfournez pour 1 h 50.

À la sortie du four, patientez 15 minutes avant de démouler les gâteaux. Puis laissez-les refroidir à l'envers pendant une nuit. Pendant la cuisson des gâteaux, préparez le lemon curd et le sirop d'imbibage.

Le lemon curd

Déposez la gélatine dans un bol d'eau froide pour la faire ramollir.

Préparez un bain-marie : portez a ébullition de l'eau dans une casserole et déposez un saladier en verre ou en inox suffisamment grand pour ne pas entrer en contact avec l'eau.

Dans ce saladier, mélangez le sucre, les œufs et les 27 cl de jus de citron. Mettez le bain-marie sur feu moyen et fouettez de temps en temps. Lorsque le mélange commence à épaissir (ça peut prendre un peu de temps), ajoutez petit a petit le beurre coupé en morceaux. Fouettez jusqu'à ce que chaque morceau soit incorporé avant d'en ajouter un autre.

Hors du feu, ajoutez les zestes de citron et la gélatine essorée, et mélangez pour la dissoudre. Laissez refroidir à température ambiante, puis réservez au réfrigérateur.

(suite p. 78)

WEDDING CAKE
Le Meilleur Pâtissier

(suite)

POUR ENVIRON 30-40 PARTS • 5-6 H (à répartir sur 2 jours) • 3 H

Le sirop d'imbibage
Faites chauffer l'eau, le sucre et la gousse de vanille fendue dans une casserole à feu doux jusqu'à ce que le sucre soit fondu. Retirez du feu, ajoutez le jus de citron et laissez refroidir à température ambiante.

Le glaçage au cream cheese
Préparez le glaçage seulement lorsque les gâteaux sont bien froids.
Fouettez le cream cheese et le beurre au robot à vitesse rapide jusqu'à l'obtention d'une consistance crémeuse. Ajoutez la vanille, puis le sucre glace en plusieurs fois. Ajoutez un peu de fleur de sel selon votre goût. Raclez bien les parois entre chaque ajout de sucre. Fouettez pendant 5-6 minutes à vitesse rapide jusqu'à l'obtention d'une texture très ferme.

La décoration
Préparez un nœud en pâte à sucre fuchsia ainsi qu'un couple de mariés ou de Cyril et Mercotte ! Laissez sécher une nuit.

Le montage
Pelez et épépinez les pommes. Détaillez leur chair en petits dés. Citronnez-les.
Retournez les gâteaux lorsqu'ils sont totalement refroidis. Coupez la base de manière à obtenir une surface bien plane. Fendez-les en 2 ou 3 couches régulières. Imbibez de sirop les surfaces qui seront à l'intérieur.
Déposez une noix de glaçage sur les plaques à gâteau cartonnées, puis posez dessus la base de chaque gâteau. Montez les couches en alternant lemon curd, dés de pomme et biscuit.
Recouvrez ensuite l'intégralité des gâteaux d'une très fine couche de glaçage en lissant au maximum avec une spatule (cela permet de piéger les miettes pour faciliter la suite du glaçage).
Faites prendre au congélateur pendant 10 minutes. Couvrez le reste du glaçage de film alimentaire et mettez-le au réfrigérateur.
Puis, recouvrez les gâteaux d'une nouvelle couche de glaçage à l'aide d'une spatule. Si vous ne souhaitez pas les recouvrir de pâte à sucre, vous pouvez faire un glaçage épais. En revanche, si vous envisagez un décor en pâte à sucre, le glaçage doit être très fin et lissé au maximum pour éviter le plus possible les aspérités.
Laissez prendre au réfrigérateur pendant 2 heures.
Recouvrez les gâteaux de pâte à sucre verte. Insérez 4 piques en bois dans le gros gâteau et coupez-les à ras. Superposez le second gâteau. Coupez des bandes de pâte à sucre fuchsia pour former un ruban et collez-le en bas de chaque gâteau.
Déposez le couple de mariés sur le gâteau et le nœud en bas, et fixez le tout avec un petit point de colle alimentaire.

L'astuce d'Anne-Sophie
Pour donner de la hauteur à votre réalisation, recouvrez le faux gâteau en polystyrène de 30 cm de diamètre de pâte à sucre verte et déposez les 2 autres gâteaux dessus.

Cheesecake Oreo

BLACK & WHITE

cake

♥ POUR 8-10 PERSONNES ♥ ♥ 25 MIN ♥ ♥ 1 H + 5-6 H FOUR ÉTEINT ♥ ♥ 12 H ♥

♥ POUR LA COUCHE BISCUITÉE ♥
16 biscuits Oreo® • 45 g de beurre fondu

♥ POUR L'APPAREIL À CHEESECAKE ♥
900 g de cream cheese (fromage frais de type Philadelphia® ou St Môret®) 300 g de sucre • 18 cl de lait 4 œufs • 25 cl de crème fraîche 2 c. à s. de vanille liquide • 2 c. à s. de jus de citron • 8-10 biscuits Oreo® (facultatif)

♥ POUR LE GLAÇAGE AU CHOCOLAT BLANC ♥
100 g de chocolat de couverture ivoire (chocolat blanc) • 100 g de beurre à température ambiante 1 c. à s. de vanille liquide • 200 g de sucre glace • 1 pincée de fleur de sel 1 à 2 c. à s. de lait (si nécessaire) 6-7 biscuits Oreo® (idéalement des mini)

La couche biscuitée

Préchauffez le four à 180 °C (th. 6). Graissez un moule à charnière de 25 cm de diamètre ou 3 petits moules de 18 cm de diamètre.

Préparez la couche biscuitée (voir page 16). Tassez-la dans le fond du ou des moules. Enfournez pour 9 minutes, puis laissez refroidir hors du four.

L'appareil à cheesecake

Préchauffez le four à 150 °C (th. 5).

Dans le bol d'un robot pâtissier ou dans un saladier et à l'aide d'un fouet, mélangez le cream cheese et le sucre jusqu'à l'obtention d'une consistance lisse. Versez le lait, puis ajoutez les œufs un par un, en mélangeant juste assez pour les incorporer. Ajoutez la crème fraîche, la vanille et le jus de citron, et mélangez jusqu'à ce que la consistance soit bien lisse.

Versez l'appareil à cheesecake dans le(s) moule(s) sur le biscuit refroidi.

Les grands amateurs d'Oreo® peuvent ajouter des biscuits en morceaux. Incorporez-en la moitié dans l'appareil à cheesecake et parsemez le reste sur l'appareil dans le(s) moule(s).

Enfournez pour 1 heure. Déposez un petit pot d'eau dans le four pour éviter que le gâteau ne se fissure. Éteignez le four et laissez le(s) gâteau(x) refroidir à l'intérieur, porte fermée, pendant 5 à 6 heures. Laissez ensuite reposer au réfrigérateur pendant au moins 12 heures.

Le glaçage au chocolat blanc

Faites fondre le chocolat blanc au bain-marie, puis laissez-le refroidir légèrement.

Pendant ce temps, travaillez le beurre coupé en petits morceaux dans le bol d'un robot pâtissier avec la feuille. Versez le chocolat refroidi et continuez à mélanger. Ajoutez la vanille, puis le sucre glace petit à petit jusqu'à ce que le glaçage blanchisse et que le sucre soit complètement absorbé. La texture doit être onctueuse et ferme à la fois. Ajoutez un peu de fleur de sel selon votre goût. Si le glaçage est un peu trop souple, ajoutez un peu de sucre glace ; s'il est un peu trop ferme, ajoutez 1 cuillère à soupe de lait.

Si vous avez opté pour 3 petits gâteaux, superposez-les sur un plat de service. Recouvrez le gâteau de glaçage avec une spatule fine, puis déposez quelques coques d'Oreo® tout autour pour un effet graphique.

♥ Les astuces d'Anne-Sophie ♥

• Passez la couche biscuitée quelques minutes au four, puis laissez-la refroidir et versez l'appareil à cheesecake. Croustillant garanti !

• Pour éviter les fissures dans l'appareil à cheesecake, déposez un pot d'eau dans le four (ou mieux, faites un bain-marie : enveloppez le moule de papier d'aluminium, puis posez-le dans la lèchefrite remplie d'eau). Au bout de 20 minutes de cuisson, sortez le gâteau du four et faites glisser la lame d'un couteau entre le gâteau et le bord du moule pour le décoller. À la fin de la cuisson, éteignez le four et laissez le gâteau refroidir à l'intérieur, porte fermée, pendant 5 à 6 heures.

• Préparez les cheesecakes la veille et laissez-les reposer au réfrigérateur au moins 12 heures, pour que leur texture se densifie et que la couche biscuitée devienne plus croustillante.

Cheesecake Oreo

BROWNIE CHEESECAKE
d'amour

POUR ENVIRON 16 PARTS — 30 MIN — 1 H

POUR LE RED VELVET BROWNIE

110 g de beurre
60 g de chocolat noir grossièrement haché
200 g de sucre
2 œufs
1 c. à c. de vanille liquide
1 à 2 c. à c. de colorant alimentaire rouge en gel ou en poudre
80 g de farine
1/4 de c. à c. de sel

POUR LE CHEESECAKE

350 g de cream cheese (fromage frais de type St-Môret® ou Philadelphia®)
100 g de sucre
1 œuf
1 c. à s. de vanille liquide
1 c. à s. de jus de citron

Le red velvet brownie

Faites fondre le beurre et le chocolat au bain-marie ou au micro-ondes en mélangeant jusqu'à l'obtention d'un mélange bien lisse. Laissez refroidir quelques minutes.
Dans un saladier, mélangez le sucre, les œufs, la vanille et le colorant rouge. Ajoutez le beurre et le chocolat fondus, et mélangez. La pâte doit être rouge foncé. Ajoutez la farine et le sel, et mélangez vivement jusqu'à l'obtention d'une texture homogène.
Versez le red velvet dans un moule à gratin rectangle légèrement graissé et réservez au congélateur le temps de préparer l'appareil à cheesecake pour qu'il fige le plus possible.

Le cheesecake

Préchauffez le four à 160 °C (th. 5-6).
Dans un saladier, fouettez le cream cheese, le sucre, l'œuf, la vanille liquide et le jus de citron jusqu'à l'obtention d'une texture homogène et lisse. Déposez délicatement l'appareil à cheesecake à la cuillère sur le red velvet.
Créez ensuite de jolies marbrures en faisant remonter des traits de red velvet à la surface du cheesecake avec la pointe d'un couteau fin. Enfournez pour 1 heure environ, jusqu'à ce que le cheesecake soit cuit ; les bords doivent être légèrement dorés. Vérifiez la cuisson en insérant un couteau dans le gâteau ; la lame doit ressortir propre.

Le dressage

Laissez refroidir complètement le gâteau dans le moule avant de couper des parts carrées ou rectangles comme un brownie. Vous pouvez aussi utiliser de gros emporte-pièces pour créer de jolis gâteaux individuels.
Réservez au réfrigérateur jusqu'à la dégustation.

CARROT cupcakes

♥ POUR 12 À 15 CUPCAKES ♥ ♥ 25 MIN ♥ ♥ 25-30 MIN ♥ ♥ 12 H ♥

♥ POUR LES CARROT CUPCAKES ♥

350 g de carottes râpées
160 g d'amandes en poudre
50 g de noix de pécan hachées
30 g de cranberries séchées
4 œufs
80 g de farine
175 g de sucre blond ou roux
1 sachet de levure chimique
½ c. à c. de sel
Le zeste de 1 citron
Le jus de 1 citron et demi
2 c. à c. rase de cannelle en poudre
1 c. à c. de gingembre en poudre
1 c. à c. de noix de muscade
10 g de beurre pour le moule

♥ POUR LE GLAÇAGE AU CREAM CHEESE ♥

250 g de cream cheese (fromage frais de type St-Môret® ou Philadelphia®)
150 g de sucre glace
Le jus de 1/2 citron

Les carrot cupcakes

Préchauffez le four à 180 °C (th. 6). Disposez des caissettes à cupcakes en papier dans une plaque à muffins. Cassez les œufs et séparez les blancs des jaunes.

Dans un saladier, mélangez les jaunes avec le sucre jusqu'à ce que le mélange blanchisse. Ajoutez le zeste de citron, puis dans l'ordre : la farine, le sel, la levure, la cannelle, le gingembre, la noix de muscade, la poudre d'amandes, les cranberries, les noix de pécan et enfin le jus de citron. Le mélange est très compact, c'est normal. Mélangez au maximum, puis ajoutez les carottes râpées. Montez les blancs en neige et incorporez-les délicatement à la préparation. Remplissez les caissettes à cupcakes de préparation jusqu'à 1 cm du bord. Enfournez pour 25 à 30 minutes ; vérifiez la cuisson en piquant un cure-dent au centre d'un cupcake, il doit ressortir sec.

Démoulez les cupcakes sur une grille et laissez-les complètement refroidir avant de les glacer.

Le glaçage

Fouettez le fromage frais avec le sucre glace et le citron.

Étalez une couche de glaçage sur chaque cupcake à l'aide d'une spatule fine ou d'une cuillère. Laissez reposer 12 heures au réfrigérateur avant de déguster. L'idéal est de préparer les carrot cupcakes la veille, pour que l'arôme des épices se développe et que le glaçage prenne bien.

MY PERFECT
vanilla cupcakes

POUR 12 À 15 CUPCAKES · 15 MIN · 14-15 MIN

POUR LES CUPCAKES À LA VANILLE

200 g de farine
100 g de sucre
1 c. à c. de levure + 1/2 c. à c. de bicarbonate de soude (ou 1,5 c. à c. de levure)
1/2 c. à c. de fleur de sel
225 g de beurre à température ambiante
2 œufs
55 g de yaourt grec
6 cl de lait
1 à 2 c. à s. de vanille liquide

POUR LE GLAÇAGE

Au choix : glaçage au chocolat blanc (voir page 81, pensez à doubler les quantités) ou glaçage au beurre noisette-vanille (voir page 60)

Les cupcakes

Préchauffez le four à 180 °C (th. 6). Disposez des caissettes à cupcakes en papier dans une plaque à muffins.

Versez la farine, le sucre, la levure, le bicarbonate et la fleur de sel dans le bol d'un robot pâtissier. Ajoutez le beurre en petits morceaux et travaillez à vitesse lente jusqu'à ce que le mélange soit sablé (il doit former des miettes ressemblant à du sable humide). Ajoutez les œufs un à un, fouettez à vitesse moyenne et raclez les bords et le fond du bol avec une maryse. Ajoutez le yaourt, le lait et la vanille, et battez à vitesse moyenne, puis rapide, jusqu'à ce que la pâte soit bien homogène et lisse. Remplissez les caissettes à cupcakes aux 2/3 (environ 2 cuillères à soupe de pâte par caissette). Enfournez pour 14 à 15 minutes ou jusqu'à ce qu'un cure-dent inséré au centre d'un cupcake ressorte sec.

À la sortie du four, démoulez les cupcakes sur une grille et laissez-les refroidir complètement avant de les glacer.

Le glaçage

Préparez le glaçage de votre choix, puis transférez-le dans une poche munie d'une grosse douille lisse ou cannelée.

Sur chaque gâteau, pochez une première couche de glaçage en partant du centre puis, sans vous arrêter, remontez depuis les côtés vers le centre en formant une spirale et en terminant par la petite pointe caractéristique des cupcakes.

D.I.Y.*

cake pops

POUR UNE QUINZAINE DE CAKE POPS · 1 H 10 · 15 MIN · 2 H 30

POUR LES BOULES DE GÂTEAU

Le gâteau de votre choix de type cake ou gâteau au chocolat
50 à 100 g de cream cheese (fromage frais de type Philadelphia® ou St Môret®)
Quelques carrés de chocolat

POUR LE GLAÇAGE

300 g de chocolat blanc, lait ou noir, ou de Candy Melt Wilton® coloré
Colorant alimentaire liposoluble (si vous souhaitez colorer du chocolat blanc)
Billes de sucre colorées ou vermicelles de chocolat
Décors alimentaires

POUR LE DRESSAGE

12 bâtonnets de 15 cm de longueur
1 bloc de polystyrène ou des demi-pamplemousses recouverts de papier d'aluminium pour piquer les bâtonnets

Les boules de gâteau

Réduisez le gâteau en miettes dans un saladier, à la main ou au mixeur. Ajoutez entre 50 et 100 g de cream cheese ; plus votre gâteau est fondant, moins vous avez besoin d'en mettre. Attention, si vous en mettez trop, les boules risquent de ne pas durcir.

Malaxez à la main le mélange jusqu'à l'obtention d'une pâte homogène (ne vous inquiétez pas si elle colle).

Formez une quinzaine de boules de la taille de balles de golf. Déposez-les sur une feuille de papier cuisson et laissez-les durcir 1 heure au réfrigérateur.

Le montage des cake pops

Faites fondre quelques carrés de chocolat au micro-ondes ou au bain-marie. Trempez l'extrémité de chaque bâtonnet dans le chocolat fondu sur environ 1,5 cm puis piquez-les le plus droit possible dans chaque boule de gâteau sur une profondeur de 1,5 cm environ.

Reposez les cake pops tête en bas sur une feuille de papier cuisson, puis réservez-les au réfrigérateur pendant 30 minutes. Le chocolat va durcir, ce qui évitera aux cake pops de tourner ou tomber lors du glaçage.

Le glaçage et la décoration

Cassez le chocolat en petits morceaux et faites-les fondre doucement au bain-marie en mélangeant à la spatule ou mieux, tempérez-le (voir page 101).

Trempez intégralement les cake pops dans le chocolat fondu, puis tournez le bâtonnet pour faire tomber l'excédent de chocolat. Lissez éventuellement avec la lame d'un couteau.

Parsemez les cake pops de billes de sucre colorées (ou de tout autre type de décor) ou laissez-les tels quels si vous voulez ensuite écrire dessus avec un crayon alimentaire.

Piquez les cake pops dans un bloc de polystyrène ou dans un demi-pamplemousse recouvert de papier d'aluminium (attention, pas plus de 4 ou 5 cake pops par demi-pamplemousse si vous ne voulez pas que ça s'effondre).

Laissez durcir au réfrigérateur au moins 1 heure.

Sortez les cake pops quelques minutes avant de les déguster.

* Do it yourself (Faites-les vous-même).

LEMON POPPY SEED

muffins

POUR 8-10 MUFFINS · 25 MIN · 40 MIN · 2 À 6 H

POUR LES MUFFINS

100 g de beurre à température ambiante
150 g de sucre
2 œufs
Le zeste et le jus de 1 gros citron
250 g de farine
1 sachet de levure chimique
2 pincées de sel
5 cl de lait
2 c. à s. de graines de pavot

POUR LE GLAÇAGE D'IMBIBAGE

80 g de sucre glace
Le jus de 1/2 citron

POUR LE GLAÇAGE BLANC (FACULTATIF)

150 g de sucre glace
Le jus de 1/2 citron

Les muffins

Préchauffez le four à 180 °C (th. 6). Disposez des caissettes en papier dans une plaque à muffins.

Dans le bol d'un robot pâtissier, battez vivement le beurre et le sucre jusqu'à l'obtention d'un mélange un peu crémeux. Ajoutez ensuite les ingrédients restants dans l'ordre et mélangez bien entre chaque ajout. Remplissez les caissettes à cupcakes de pâte jusqu'à 1 cm du bord. Enfournez pour 30 minutes ou jusqu'à ce que la lame d'un couteau plantée dans un muffin ressorte propre.

À la sortie du four, laissez les muffins tiédir pendant 10 minutes, sans les démouler.

Le glaçage d'imbibage

Pendant ce temps, mélangez le sucre glace et le jus de citron. Le mélange doit rester assez liquide.

Piquez le dessus des muffins avec un cure-dent et versez doucement le glaçage pour les imbiber.

Laissez-les absorber et refroidir pendant 20 minutes.

Démoulez les muffins et posez-les sur une grille à pâtisserie. Si vous vous arrêtez là, laissez le premier glaçage figer pendant 2 heures avant de déguster.

Le glaçage blanc

Mélangez le sucre glace et le jus de citron. Ce second glaçage doit être plus fluide, mais pas liquide, et bien blanc. Ajustez avec un peu de sucre glace si le mélange était trop liquide.

Versez un peu de glaçage blanc sur chaque muffin et laissez-le couler sur les côtés. Parsemez de graines de pavot pour décorer.

Laissez figer pendant 6 heures sur la grille à pâtisserie ; évitez de toucher les muffins pour ne pas craqueler le glaçage.

LE PIC
du Mont-Blanc

POUR 8 À 10 CAKE POPS • 45 MIN • 2 H • 15 MIN

POUR LA MERINGUE SUISSE
100 g de blancs d'œufs • 100 g de sucre glace • 100 g de sucre

POUR LA PÂTE DE TRUFFE CHOCOLAT-MARRON
75 g de crème de marrons à la vanille 5 g de beurre • 50 g de chocolat au lait • 1 c. à s. d'armagnac • 20 g de cacao en poudre

POUR LA CRÈME DE MARRONS
100 g de crème de marrons vanillée 100 g de purée de marrons • 2 c. à s. d'armagnac

POUR LA CRÈME CHANTILLY
300 g de crème liquide entière (35 % MG) • 250 g de mascarpone 1 gousse de vanille • 20 g de sucre glace

La meringue suisse

Préchauffez le four à 140 °C (th. 4-5). Préparez une meringue suisse avec les blancs d'œufs et les sucres. (voir page 64).
Versez la dans une poche munie d'une douille de 8 mm. Pochez 8 petits tas de meringue de 2 cm de diamètre et 2 cm de hauteur sur une plaque recouverte de papier cuisson. Plantez un pique en bois au centre de chaque meringue. Étalez le reste de la meringue en une fine couche sur une autre plaque recouverte de papier cuisson.
Enfournez les 2 plaques, éteignez le four et laissez reposer 15 minutes, porte entrouverte. Cela permet à la meringue de commencer à sécher autour des piques qui pourraient avoir tendance à tomber à cause de la soufflerie de la chaleur tournante. Rallumez le four à 100 °C (th. 3-4) en mode chaleur tournante et laissez sécher pendant 1 heure.
Utilisez les meringues sur pique comme support pour les monts-blancs et réduisez la plaque de meringue en miettes.

La pâte de truffe chocolat-marron

Faites fondre le chocolat en petits morceaux à feu très doux ou au bain-marie.
Dès qu'il commence à fondre, remuez doucement avec une spatule. Lorsqu'il est lisse, incorporez le beurre.
Retirez du feu et ajoutez l'armagnac ainsi que le cacao en poudre. Fouettez pour obtenir un mélange bien homogène. Ajoutez la crème de marrons et fouettez à nouveau.
Étalez le mélange finement entre 2 feuilles de papier guitare et faites prendre au réfrigérateur pendant 20 minutes. Détaillez des cercles d'environ 6 cm de diamètre à l'emporte-pièce et recouvrez-en délicatement les meringues en faisant attention à ne pas les faire tomber des piques.

La crème de marrons

Faites foisonner la purée de marrons au robot muni de la feuille, puis ajoutez la crème de marrons. Battez au moins 10 minutes pour incorporer de l'air, cela rendra la pâte plus fondante lors de la dégustation. Ajoutez un peu d'armagnac selon votre goût.
Versez dans un récipient, couvrez de film alimentaire et réservez au réfrigérateur. Façonnez des petites boules en les roulant entre vos mains, écrasez-les puis recouvrez-en délicatement la pâte de truffe. Modelez une belle boule sur chaque pique puis faites prendre au congélateur 20 minutes.

La crème chantilly

À l'aide d'un robot pâtissier, montez au fouet à vitesse lente la crème liquide bien froide avec le mascarpone, le sucre glace et les grains de la gousse de vanille jusqu'à l'obtention d'une texture souple.

Le montage

Déposez une couche de chantilly sur chaque cake pop à la spatule, puis saupoudrez de miettes de meringue. Terminez en glissant un petit nœud en ruban sur chaque pique. Faites prendre au réfrigérateur 15 minutes avant de déguster.

MY SWEET desserts

SPHÈRE
de douceur

POUR 4 SPHÈRES · 2 H · 20 MIN

POUR LES COQUES EN CHOCOLAT
400 g de chocolat noir 60 % de cacao
Poudre alimentaire irisée or

POUR LA GANACHE
100 g de chocolat noir 65 % de cacao
10 cl de crème liquide entière (35 % de MG) • 15 g de confiture de framboises

POUR LE CRUMBLE AU SÉSAME
30 g de sucre roux • 35 g de beurre
30 g de poudre d'amandes • 30 g de farine • 10 g de graines de sésame

POUR LE COULIS DE FRAMBOISES
600 g de framboises fraîches • 2 c. à s. de sucre

POUR LES AMANDES CARAMÉLISÉES
60 g d'amandes non émondées • 80 g de sucre • 10 g de beurre • Fleur de sel

POUR LES MI-CUITS AU CHOCOLAT
70 g de beurre demi-sel • 90 g de chocolat noir 65% de cacao • 2 œufs
50 g de sucre glace • 30 g de farine

Les coques en chocolat

Tempérez le chocolat : faites-le fondre au bain-marie jusqu'à ce qu'il atteigne 45 °C. Posez le récipient dans un saladier d'eau froide jusqu'à atteindre 27 °C. Remettez-le dans l'eau chaude pour faire remonter la température à 31 °C.
À l'aide d'un pinceau, tapissez de chocolat 8 demi-sphères de 7 cm de diamètre, puis faites prendre au réfrigérateur. Renouvelez l'opération deux fois en faisant prendre au réfrigérateur entre chaque. À l'aide d'une spatule, lissez la surface de la plaque à chaque fois pour égaliser les bords. Faites de même avec 8 demi-sphères de 3 cm de diamètre.
Après la troisième couche, laissez prendre 15 minutes à température ambiante. Placez les moules 5 minutes au congélateur pour faciliter le démoulage.
Démoulez les coques et réservez-les au réfrigérateur jusqu'au dressage.

La ganache chocolat-framboise

Portez à ébullition la crème et la confiture. Versez sur le chocolat en morceaux et mélangez au fouet. Laissez prendre 30 minutes au réfrigérateur. Versez dans une poche à douille.

Le crumble au sésame

Préchauffez le four à 180 °C (th. 6).
Mélangez les ingrédients du crumble. Sablez pour former des miettes grossières. Déposez-les sur la plaque du four recouverte de papier cuisson et enfournez pour 10 minutes.

Le coulis de framboises

Mixez la moitié des framboises avec le sucre. Filtrez. Réservez le reste de framboises entières au réfrigérateur.

Les amandes caramélisées

Réalisez un caramel à sec. Dès qu'il commence à se former, mélangez avec une cuillère. Hors du feu, ajoutez le beurre et mélangez jusqu'à l'obtention d'un caramel homogène.
Ajoutez les amandes et remettez sur feu doux 1 minute, mélangez pour bien enrober les amandes. Ajoutez une pincée de fleur de sel et versez sur une feuille de papier cuisson.
Saupoudrez à nouveau de fleur de sel et séparez les amandes. Laissez durcir.

Les mi-cuits au chocolat

Préchauffez le four à 200 °C (th. 6-7).
Faites fondre le chocolat et le beurre au bain-marie.
Pendant ce temps, fouettez les œufs, le sucre glace et la farine. Ajoutez le mélange chocolat-beurre.
Versez la pâte dans des demi-sphères de 5 cm de diamètre. Enfournez pour 6 minutes. Démoulez et laissez refroidir.

Le dressage

Déposez une grande coque en chocolat sur 4 assiettes (stabilisez-les en les collant avec du chocolat fondu).
À l'intérieur, déposez 1 mi-cuit, des framboises et du coulis. Parsemez de crumble et d'amandes caramélisées. Remplissez les petites coques de ganache, puis formez les sphères. Pour souder les coques, posez-en une quelques secondes sur une surface chaude (par exemple, une assiette chauffée au micro-ondes) pour faire fondre la base. Puis collez-la à l'autre coque. Recouvrez de poudre d'or au pinceau.
Sur les 4 grandes coques restantes, appliquez délicatement un vide-pomme, après l'avoir trempé dans de l'eau bouillante. Posez une petite sphère sur le trou formé et appuyez légèrement pour qu'elle adhère. Refermez les grandes coques de la même façon que les petites.

YIN YANG
panna cotta

POUR 6 PERSONNES · 15 MIN · 7 H

POUR LA PANNA COTTA AU SÉSAME NOIR

25 cl de crème liquide entière (35 % de MG)
15 cl de lait demi-écrémé
3 feuilles de gélatine
1 c. à s. de pâte de sésame noir (ou 2 c. à s. de crème de sésame noir)
1 à 2 c. à s. de sucre (selon votre goût)

POUR LA GELÉE AU THÉ AU JASMIN

1 c. à s. de thé au jasmin
30 cl d'eau bouillante
3 feuilles de gélatine
1 c. à c. de sucre
Graines de sésame noir (facultatif)

La panna cotta au sésame noir

Faites tremper les feuilles de gélatine dans de l'eau froide. Dans un bol, délayez la pâte de sésame noir avec 1 cuillère à soupe de crème (cette étape n'est pas nécessaire si vous utilisez de la crème de sésame noir).
Versez la crème, le lait et le sucre dans une casserole et portez à ébullition. Incorporez la pâte de sésame noir délayée en mélangeant au fouet.
Laissez tiédir 1 minute hors du feu avant d'ajouter les feuilles de gélatine essorées et de mélanger jusqu'à ce qu'elles soient totalement dissoutes. Versez cette préparation dans un récipient muni d'un bec verseur et laissez tiédir.
Répartissez 6 verrines sur une toile de silicone posée sur une planche et surélevez l'ensemble d'un côté (en glissant, par exemple, un rouleau de film alimentaire) de manière à incliner les verrines. Ajoutez un autre support de l'autre côté pour les empêcher de glisser.
Mettez le tout au réfrigérateur, puis remplissez les verrines de panna cotta. Laissez prendre 3 heures.

La gelée au thé au jasmin

Faites tremper la gélatine dans de l'eau froide.
Préparez le thé au jasmin ; faites-le infuser quelques instants puis filtrez.
Ajoutez les feuilles de gélatine préalablement essorées ainsi que le sucre. Mélangez et laissez refroidir 15 à 20 minutes. Attention, si vous versez le thé encore chaud sur les panna cotta, vous risquez de les abîmer.
Répartissez le thé sur les panna cotta et laissez prendre 3 à 4 heures au réfrigérateur.
Servez bien frais parsemé de graines de sésame noir et accompagné de biscuits.

DÉLICE régressif

POUR 6-8 PERSONNES · 40 MIN · 5 MIN · 6 H

POUR LES TUILES DE CARAMBAR®
8 Carambar®

POUR LA MOUSSE AUX CARAMBAR®
30 Carambar® (soit environ 225 g)
2 feuilles de gélatine
25 cl de lait
3 œufs
25 cl de crème liquide entière (35 % de MG)
1 pincée de fleur de sel

POUR LA COMPOTÉE D'ABRICOTS
8 gros abricots
2 c. à s. de sucre
2 c. à s. de jus de citron

Les tuiles de Carambar®

Préchauffez le four à 180 °C (th. 6).
Posez les Carambar® sur la plaque du four recouverte d'une toile en silicone ou d'une feuille de papier cuisson, en les espaçant.
Enfournez pour quelques minutes en surveillant. Retirez la plaque du four dès que des bulles apparaissent à la surface des tuiles.
Laissez-les refroidir totalement avant de les manipuler.

La mousse aux Carambar®

Faites tremper la gélatine dans de l'eau froide. Déposez les Carambar® dans une casserole avec le lait et faites chauffer à feu moyen jusqu'à ce que les Carambar® soient fondus. Remuez régulièrement pour les aider à fondre. Cassez les œufs et séparez les blancs des jaunes.
Mélangez les jaunes dans un bol et délayez avec un peu de lait aux Carambar. Versez le tout dans la casserole et laissez épaissir à feu doux, tout en mélangeant. Quand la crème nappe la cuillère (voir page 63), retirez-la du feu. Ajoutez la gélatine essorée et mélangez pour la dissoudre. Laissez refroidir.
Fouettez la crème liquide bien froide comme pour la monter en chantilly et arrêtez lorsque vous obtenez une texture mousseuse.
Lorsque la crème anglaise atteint 45-50 °C, ajoutez 1/3 de la crème montée. Mélangez, puis incorporez délicatement la crème anglaise au reste de crème montée à l'aide d'une maryse.
Montez les blancs d'œufs en neige avec la fleur de sel, puis ajoutez-les délicatement à la préparation précédente.

La compotée d'abricots

Rincez, puis dénoyautez les abricots et coupez-les en 8. Déposez-les dans une casserole avec le sucre et le jus de citron. Laissez compoter pendant 10 à 15 minutes à feu doux jusqu'à ce qu'ils commencent à fondre.
Hors du feu, passez le contenu de la casserole au mixeur plongeant pour obtenir une texture lisse.

Le dressage des verrines

Répartissez 2 cuillères à soupe de compotée d'abricots dans 6 ou 8 verrines (selon leur taille). Versez par-dessus la mousse aux Carambar®. Laissez prendre au moins 6 heures au réfrigérateur.
Au moment de servir, plantez une tuile ou une brisure de tuile de Carambar® dans chaque verrine.

OMELETTE esquimaude

POUR 6 PERSONNES · 1 H 30 (sans le sorbet) · 30 MIN · 1 À 2 H

POUR LE SORBET FRAISE-BASILIC

600 g de fraises • 45 g de sirop de glucose • 125 g de sucre en poudre 20 cl d'eau • Le jus de 2 citrons verts 1 c. à c. de vodka • ½ bouquet de basilic • ½ blanc d'œuf

POUR LE BISCUIT À LA CUILLÈRE

4 œufs • 140 g de farine • 140 g de sucre semoule

POUR LE SIROP D'IMBIBAGE

300 g d'eau • 150 g de sucre 1 gousse de vanille • 2 citrons jaunes (jus + zeste)

POUR LA MERINGUE SUISSE

100 g de blancs d'œufs • 100 g de sucre semoule • 100 g de sucre glace • 1 pincée de sel

Le sorbet fraise-basilic

La veille, portez à frémissement l'eau, le sucre et le glucose. Vérifiez que le sucre est bien dissout, puis ajoutez la vodka. Laissez refroidir le sirop obtenu au réfrigérateur jusqu'à ce qu'il atteigne 4 °C.

Rincez et équeutez les fraises, puis mixez-les. Passez au tamis. Récupérez le jus des citrons verts et versez-le dans le coulis de fraises. Versez petit à petit le sirop, arrêtez dès que vous avez trouvé le bon dosage en sucre. Turbinez. Au bout de 10 minutes, ajoutez le 1/2 blanc d'œuf monté en neige ferme et le basilic ciselé. Arrêtez la turbine lorsque la pâle commence à se bloquer. Débarrassez le sorbet dans une boîte hermétique et faites prendre une nuit au congélateur.

Le biscuit à la cuillère

Préchauffez le four à 180 °C (th. 6). Cassez les œufs et séparez les blancs des jaunes. Montez les blancs au robot avec la pincée de sel, puis ajoutez le sucre en trois fois. Incorporez enfin les jaunes et la farine, et mélangez délicatement à la maryse.

Transférez l'appareil dans une poche munie d'une douille lisse de 10 mm. Dressez le biscuit sur des plaques recouvertes de feuilles en silicone. Formez un cercle de 18 cm de diamètre, un autre cercle de 30 cm de diamètre et un rectangle de 13 x 7 cm environ en alignant les lignes de biscuits. Enfournez pour environ 10 à 15 minutes, puis laissez refroidir sur les feuilles en silicone.

Le sirop d'imbibage citronné

Portez à ébullition l'eau et le sucre. Lorsque le sucre est fondu, ajoutez les grains et la gousse de vanille ainsi que le jus et le zeste râpé des citrons. Laissez refroidir.

Le montage

Taillez le rectangle de biscuit pour chemiser l'intérieur d'un cercle de 8 cm de diamètre. Imbibez-le de sirop. Déposez le cercle tapissé de biscuit dans une assiette, puis garnissez-le de sorbet. Faites prendre au congélateur.

Chemisez une demi-sphère de 18 cm de diamètre préalablement huilée, avec du film alimentaire. Tapissez-le avec le grand disque de biscuit dont vous couperez une partie pour obtenir un dôme une fois introduit dans le moule. À l'aide d'un pinceau, imbibez le biscuit de sirop. Remplissez de sorbet fraise-basilic, puis fermez avec le biscuit de 18 cm de diamètre imbibé de sirop. Mettez au congélateur 1 à 2 heures pour faire prendre l'ensemble.

La meringue suisse

Préparez une meringue suisse avec les blancs d'œufs et les sucres (voir page 64).

Le dressage

Démoulez le dôme et ôtez délicatement le film alimentaire.

Démoulez le cercle, coupez-le en deux, puis retaillez l'un des morceaux en biseau. Posez-le sur le côté du dôme, c'est la porte de l'igloo.

Recouvrez le tout d'une fine couche de meringue à la palette, puis transférez le reste de meringue dans une poche munie d'une douille en goutte (douille Wilton® n° 124).

Déposez le gâteau sur une table tournante et dessinez les blocs de glace de l'igloo à la poche à douille en partant du haut. Si vous le souhaitez, flambez la meringue au chalumeau, puis avec du Grand Marnier.

GIRLY
cake

POUR 8 PERSONNES · 1 H · 20 MIN · 12 H

POUR L'INSERT AUX FRUITS ROUGES
125 g de purée de framboises • 125 g de purée de fruits rouges • 50 g de sucre • 3 feuilles de gélatine

POUR LES MOUSSES
120 g de sucre • 40 g d'eau 2 blancs d'œufs • 100 g de purée de framboises • 100 g de purée de fruits rouges • 1 c. à s. de vanille liquide 8 feuilles de gélatine • 300 g de crème liquide entière (35 % de MG)

POUR LA DACQUOISE PISTACHE
35 g de farine • 80 g de poudre d'amandes • 40 g de poudre de pistaches • 130 g de sucre en poudre (60 g de sucre + 70 g de sucre glace) 60 g de sucre • 175 g de blancs d'œufs

POUR LE SIROP À L'HIBISCUS
150 g d'eau • 90 g de sucre • 1 c. à s. de fleurs d'hibiscus séchées

POUR LA DÉCORATION
1 paquet de biscuits rose de Reims (21 biscuits) • 300 g de fruits rouges : fraises, groseilles, myrtilles, framboises Cubes de gelée d'hibiscus

L'insert aux fruits rouges

Faites ramollir la gélatine dans de l'eau froide, puis faites-la fondre au bain-marie. Mélangez les purées de fruits et le sucre. Ajoutez la gélatine et mélangez. Versez dans un plat tapissé de film alimentaire sur 5 mm d'épaisseur et faites prendre 2 heures au réfrigérateur.

Les mousses blanche et rose

Faites tremper 3 feuilles de gélatine dans un bol d'eau froide
Dans une casserole, faites chauffer l'eau et le sucre. Montez les blancs en neige en parallèle. Lorsqu'ils sont fermes et que le sirop atteint 110 °C, versez-le en filet sur les blancs tout en continuant de battre jusqu'à ce que la meringue obtenue tiédisse.
Pendant ce temps, montez la crème.
Dans un cul-de-poule, mélangez 1/3 de meringue italienne et 2/3 de crème fouettée. Ajoutez la vanille. Faites fondre la gélatine essorée et incorporez-la. Tapissez un moule à cake de 2 litres avec du film alimentaire. Scotchez les extrémités. Surélevez un côté du moule et versez la mousse. Lissez et faites prendre 30 minutes au congélateur en veillant à maintenir un côté du moule surélevé pour que la mousse prenne en biais.
Mélangez le reste de crème fouettée avec les purées de fruits. Incorporez le reste de meringue. Couvrez de film alimentaire et réservez au réfrigérateur.

La dacquoise pistache

Préchauffez le four à 180 °C (th. 6). Mixez les poudres d'amandes et de pistaches, les 130 g de sucre et la farine. Montez les blancs en bec d'oiseau en ajoutant le sucre petit à petit dès qu'ils commencent à mousser. Incorporez les poudres à la maryse. Étalez cet appareil sur la plaque du four recouverte d'une toile en silicone et enfournez pour 15 à 20 minutes ; la dacquoise doit rester moelleuse à cœur. Laissez refroidir.

Le montage

Déposez les 5 feuilles de gélatine restantes dans un bol d'eau froide.
Sur un plan de travail, retournez l'insert d'un coup sec sur la mousse blanche. Retirez le film alimentaire. Coupez au ras des bords du moule pour que l'insert se dépose sur la mousse.
Faites fondre la gélatine essorée, puis incorporez-la à la mousse rose. Versez-la sur l'insert et lissez à la spatule. Faites prendre 2 heures au congélateur ou 1 nuit au réfrigérateur.

Le sirop de fleurs d'hibiscus

Portez à ébullition l'eau et le sucre. Ajoutez les fleurs d'hibiscus dans une boule à thé et laissez infuser 15 minutes. Laissez refroidir.

Le dressage

Coupez la dacquoise à la taille du moule à cake, puis posez-la sur les mousses. Retournez le tout sur un plat de service et retirez le film alimentaire. Trempez la face non poudrée des biscuits roses dans le sirop avant de les disposer autour de l'entremets.
Entourez l'ensemble d'un ruban et décorez de fruits rouges et de cubes de gelée d'hibiscus.

SWEET SUMMER

♥ *soup* ♥

♥ POUR 4 PERSONNES ♥ ♥ 50 MIN ♥ ♥ 30 MIN ♥ ♥ 4 H ♥

♥ POUR LA PANNA COTTA ♥

20 cl de crème liquide entière (35 % de MG) • 15 g de sucre • 1,5 feuille de gélatine 1 gousse de vanille (ou de la vanille en poudre)

♥ POUR LE SIROP À L'HIBISCUS ♥

1 poignée de fleurs d'hibiscus séchées 1 l d'eau • 100 g de sucre roux ou cassonade • 1 morceau de gingembre frais (environ 4 cm) Le jus de 1 citron

♥ POUR LA PÂTE À TUILES ♥

2 blancs d'œufs • 80 g de sucre 30 g de farine • 25 g de beurre 125 g d'amandes effilées

♥ POUR LE DRESSAGE ♥

6 nectarines • Quelques gouttes de jus de citron • Sucre • Quelques feuilles de menthe fraîche

La panna cotta

Déposez la gélatine dans un bol d'eau froide pour la faire ramollir.

Dans une casserole, faites chauffer à feu doux la crème, le sucre et la vanille. Dès le début de l'ébullition, retirez la casserole du feu. Ajoutez la gélatine bien essorée et remuez jusqu'à ce qu'elle soit fondue.

Versez dans le fond de 4 assiettes creuses ou dans des bols sur 1 cm d'épaisseur. Laissez refroidir légèrement à l'air libre, puis faites prendre au réfrigérateur pendant au moins 4 heures.

Le sirop à l'hibiscus

Dans une casserole, portez à ébullition l'eau et le sucre, afin d'obtenir un sirop. Ajoutez le jus du citron, le gingembre haché grossièrement (inutile de l'éplucher) et les fleurs d'hibiscus. Laissez infuser 2 minutes à feu doux.

Filtrez le tout à travers une passoire fine. Laissez refroidir 10 minutes.

Les tuiles

Faites fondre le beurre. Dans un saladier, mélangez la farine, le sucre et les amandes. Ajoutez les blancs d'œufs et mélangez. Ajoutez ensuite le beurre fondu et laissez refroidir le tout environ une heure au réfrigérateur (ou 15 minutes au congélateur).

Préchauffez le four à 145 °C (th. 4-5) en mode chaleur tournante, après avoir placé une grille dans la partie basse.

Sur la plaque du four recouverte de papier cuisson, dressez 4 ou 5 bandes de pâte bien parallèles d'environ 15 cm de longueur. À l'aide d'une fourchette, étalez-les très finement ; elles doivent être uniformes et presque transparentes.

Enfournez pour 10 à 15 minutes, en surveillant la cuisson. Lorsque les tuiles sont bien dorées, prenez délicatement le papier cuisson et placez-le entre 2 planches en bois espacées de 10 cm en veillant à ce que les tuiles soient perpendiculaires aux planches. Elles prendront ainsi une forme incurvée en refroidissant.

Le dressage

Rincez et pelez les nectarines, puis coupez-les en petits cubes ou en petits cercles avec un emporte-pièce. Disposez-les dans chaque assiette creuse sur la panna cotta.

Récupérez les chutes de nectarines et mixez-les avec quelques gouttes de jus de citron et un peu de sucre, puis filtrez le tout pour obtenir un coulis.

Versez 1 ou 2 louches de sirop d'hibiscus refroidi sur les nectarines. Parsemez de menthe fraîche ciselée et surmontez le tout d'une tuile incurvée. Dessinez quelques points de coulis tout autour des assiettes avec une cuillère plume.

FROZEN YOGURT

passion

POUR 1 L DE GLACE OU 6 BÂTONNETS — 30 MIN — 12 H

POUR LE COULIS DE FRUITS DE LA PASSION

9 fruits de la passion
1,5 c. à s. de sucre à confiture avec pectine (type Confisuc®)
Quelques gouttes de jus de citron vert

POUR LE FROZEN YOGURT

900 g de yaourt grec
200 g de lait concentré sucré
1 gousse de vanille

Le coulis de fruits de la passion

Récupérez la pulpe des fruits de la passion à l'aide d'une cuillère puis passez-la dans une passoire fine pour retirer les grains.
Portez le jus obtenu à ébullition dans une petite casserole avec le sucre à confiture et quelques gouttes de jus de citron. Dès qu'il commence à épaissir, versez-le dans un autre récipient et laissez refroidir.

Le frozen yogurt

Mélangez le yaourt grec, le lait concentré et les grains de la gousse de vanille dans un saladier. Versez cette préparation dans une sorbetière et faites turbiner environ 20 minutes (consultez les instructions de votre appareil) jusqu'à ce que le mélange prenne une texture de crème glacée. Faites couler le coulis de fruits de la passion refroidi tout en laissant tourner la sorbetière, puis arrêtez-la.
Avec une spatule, débarrassez la préparation dans des moules à bâtonnets glacés. Tassez bien pour chasser les bulles d'air. Piquez un bâtonnet en bois ou en plastique dans chaque moule.
Laissez prendre 12 heures au congélateur.
Passez les moules glacés quelques secondes sous l'eau chaude pour faciliter le démoulage.

L'astuce d'Anne-Sophie

Si vous n'avez pas de sorbetière, versez la préparation au yaourt et le coulis de passion dans un récipient hermétique au congélateur. Remuez-la toutes les 45 minutes pendant 3 heures, pour empêcher que des cristaux ne se forment pendant la prise au froid. Vous n'obtiendrez pas de marbrures ni de bâtonnets mais vous pourrez servir ce frozen yoghurt parfumé à la passion dans des coupes.

MINI-GLOSSAIRE

Abaisser une pâte
Étaler une pâte pour atteindre une certaine épaisseur. Le résultat est une abaisse.

Blancs d'œufs vieillis
Blancs séparés des jaunes trois jours avant la préparation.

Blanchir
Travailler vigoureusement au fouet des œufs et du sucre jusqu'à ce que le mélange devienne mousseux et clair.

Bouler
Façonner une pâte en forme de boule avec les mains.

Brunoise (faire une)
Couper en tout petits dés (2 mm de côté) des légumes ou des fruits.

Caramel à sec
Caramel réalisé à partir de sucre uniquement. L'astuce est de verser le sucre en 3 fois, en attendant que chaque tiers soit complètement fondu.

Chemiser
Recouvrir l'intérieur d'un récipient, le plus souvent un moule, de papier cuisson, de film alimentaire, d'une pâte à gâteau de décor ou encore de caramel, avant d'y verser une préparation pour en faciliter le démoulage ou lui donner de la tenue.

Crème montée / Monter une crème
Crème liquide fouettée comme une chantilly mais sans sucre.

Crémer le beurre
Faire tiédir du beurre à température ambiante et le travailler jusqu'à obtenir la texture d'une pommade ou d'une crème (sans le faire fondre).

Cuire à la nappe
Cuire sans dépasser la température de 85 °C comme pour réaliser une crème anglaise. Il faut que la préparation nappe la cuillère.

Cuire à blanc
Cuire une pâte à tarte sans sa garniture.

Débarrasser
Mettre de côté, réserver une préparation pour plus tard.

Dessécher une pâte
Éliminer l'excédent d'eau d'une pâte en la faisant chauffer à feu doux.

Dégazer
Travailler une pâte levée en l'aplatissant, ou en lui donnant un coup de poing, pour chasser le gaz carbonique accumulé lors de la pousse, sous l'effet de la levure. Cette étape est généralement suivie d'un second temps de pousse.

Détendre
Assouplir une pâte ou un appareil en ajoutant un liquide ou une crème.

Émulsionner
Fouetter deux liquides ensemble pour les mélanger.

MINI-GLOSSAIRE

Feuille du robot
Batteur plat du robot qui sert au pétrissage des pâtes et des crèmes épaisses pour les aérer.

Foisonner
Battre à pleine vitesse du beurre, des blancs d'œufs ou de la crème, afin de les faire gonfler par l'incorporation de petites bulles d'air.

Foncer
Tapisser le fond d'un moule ou d'un cercle à dresser avec une pâte à tarte.

Gratter la vanille
Extraire les grains d'une gousse de vanille en l'ouvrant en deux et en la raclant avec la lame d'un couteau.

Maryse ou corne à pâtisserie
Spatule souple en caoutchouc permettant de racler le fond des plats.

Masquer
Recouvrir d'une légère couche de crème un entremets ou une génoise.

Poche à douille
Sac conique, dit « poche à pâtisserie », muni d'un embout, appelé « douille », utilisé en pâtisserie pour décorer ou garnir des mets. Les douilles peuvent avoir différentes formes (unie, cannelée, à saint-honoré...) et différents diamètres (8, 10, 12 mm...).

Pocher de la crème
Dresser de la crème à l'aide d'une poche à douille (petites boules, rouleaux...).

Règle à pâtisserie
Ustensile permettant d'étaler une pâte de manière homogène avec une épaisseur régulière.

Tant-pour-tant
Mélange contenant autant d'un ingrédient que d'un autre. Se dit plus spécialement pour la poudre d'amandes et le sucre glace dans la réalisation des crèmes ou pâtes.

Torréfier
Faire chauffer à sec des graines pour les griller légèrement et exhaler leur saveur.

Turbiner
Faire prendre une glace ou un sorbet à l'aide d'une sorbetière ou d'une turbine.

INDEX ALPHABÉTIQUE

INDEX ALPHABÉTIQUE

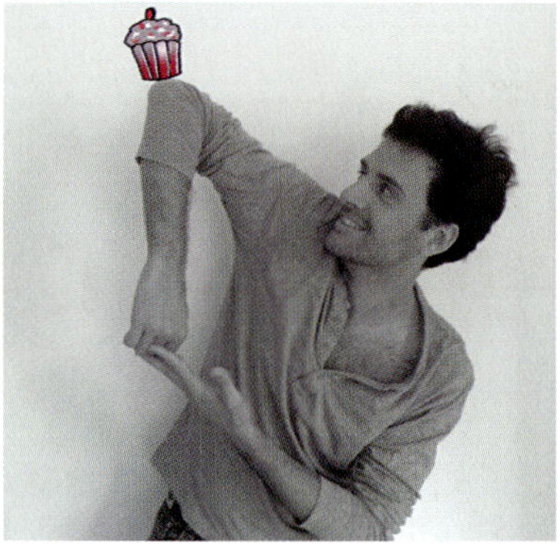
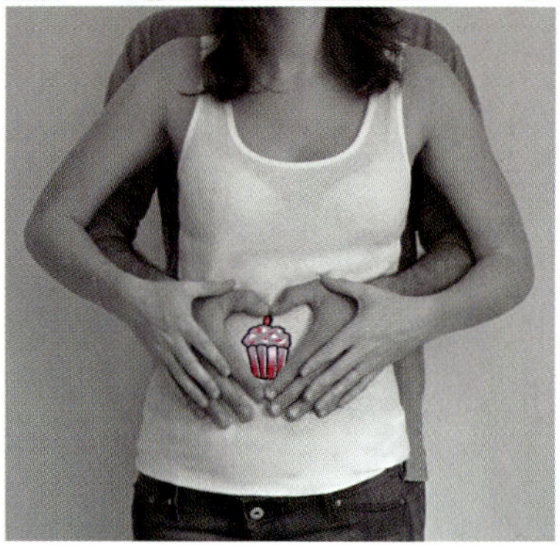

ARMY
POLO

REMERCIEMENTS

Merci à ceux que j'aime...
...et pour qui j'adore inventer des gâteaux.

Merci à ma petite brioche qui est née si parfaite pendant l'écriture de ce livre, après une sacrée cure de sucre et de gâteaux lors du tournage de l'émission. Je rêve déjà de nos mercredis-pâtisserie et de tes gâteaux de princesse.
Merci à mon mari chéri, sans qui je n'aurais jamais participé au concours, qui croit en moi au quotidien et me soutient dans tous mes projets même les plus fous. Rien ne serait possible sans ton amour et ta gourmandise.
Merci à ma famille, mon père, ma mère, mon frère, ma sœur qui, en plus de m'avoir transmis le goût de cuisiner, me donnent l'envie de me dépasser tous les jours. Et qui ne râlent même pas quand j'envahis une fois de plus la cuisine.
Merci à mes supporters « number 1 » : mon BIG 4 élargi (Cam, Mama, Toya et +), Pek et Deb qui m'ont soutenue depuis mes débuts sur la Toile et durant tout le concours, qui sont à l'origine de bon nombre de mes gâteaux et qui me challengent tous les jours.
Merci à tous les autres qui me fournissent les meilleurs prétextes pour créer ou tester des recettes et qui m'ont supportée tout au long du concours et de la rédaction de ce livre : Amélie, Nico, Ombeline, Arthur, Patricia, Marie et les autres qui se reconnaîtront, ma famille élargie, ma belle famille, mes potes parisiens, mes potes londoniens, mes copines blogueuses, les lecteurs de mon blog et tous ceux que j'oublie !
Merci aux potes de Le Meilleur Pâtissier : Abdelkarim, Antoine, Benjamin, Émilie, Fabienne, Imane, Isabelle, Julien, Muriel et Pascal. J'ai progressé en vous regardant pâtisser, j'ai pris du plaisir en goûtant vos gâteaux et surtout, grâce à vous, je me suis bien amusée !
Un merci tout particulier à Juju, je ne sais pas ce que j'aurais fait sans toi.
Merci aussi au super jury, Cyril et Mercotte pour leurs conseils, à Faustine pour son humour, aux chefs invités pour leur expertise et à toute l'équipe de production pour ce super tournage (celle de la PS2 aussi, hein !). Vous avez tous contribué à rendre l'aventure Le Meilleur Pâtissier tellement unique et savoureuse.
Merci enfin à toute l'équipe qui a contribué à faire un si beau livre : Marie et Stéphanie pour leur gentillesse et leur disponibilité, Aline et Marie pour leurs sublimes photos, Stéphanie pour sa magnifique création graphique, Muriel et Lilia pour leur patience et Angeline pour ses si jolies silhouettes.
Grâce à vous tous, j'ai encore des idées de gâteaux plein la tête !

Anne80

FASHION COOKING
www.fashioncooking.fr

LE MEILLEUR
PATISSIER

Hotpoint
Nos idées. Votre maison.
" Comme moi, vivez l'expérience de la cuisson haute définition, la promesse d'un résultat parfait."
Hotpoint
ARISTON
Hotpoint
Cyril Lignac
Cyril Lignac - chef étoilé, ambassadeur de la marque depuis 2012, recommande les produits hotpoint.
HIGH DEFINITION COOKING
Pour la première fois, la chaleur dans votre four a partout la même intensité. L'assurance d'une cuisson parfaite.
Bienvenue dans un monde en haute définition. Grâce au système breveté Dual Flow, la chaleur est diffusée de façon extrêmement homogène dans votre four pour enfin profiter d'une cuisson parfaite de vos aliments. C'est aussi grâce à cette technologie de pointe que les fours Hotpoint affichent une consommation énergétique exemplaire de seulement 0,64 kWh.
hotpoint.fr

PHOTOGRAPHIES ET STYLISME
© *Aline Caron* © *Marie Etchegoyen*

DIRECTION ARTISTIQUE ET CRÉATION GRAPHIQUE
Stéphanie Brepson

ILLUSTRATIONS DES OUVERTURES DE CHAPITRE
Angeline Melin

RÉVISION
Muriel Thibault

M6 éditions remercie également
Faustine Bollaert, Cyril Lignac, Mercotte, Anne-Sophie Larry, William Lebugle, Benjamin Ferel, Alexandra Lucas, Jean-Louis Blot, Géry Leymergie, Matthieu Jean-Toscani, Hélène Navarro, Valérie Calazel, Élodie Serrurier Duceau, Vincent Ferant et toutes leurs équipes.

89, avenue Charles de Gaulle – 92575 Neuilly-sur-Seine cedex.

Dépôt légal : décembre 2014
Achevé d'imprimer en Italie en novembre 2014
ISBN : 978-2-35985-131-1